DR. OETKER

VEGETARISCHES KOCHBUCH

DR. OETKER

VEGETARISCHES
KOCHBUCH

 CERES

Vorwort

....

Es gilt seit alters her: Essen hält Leib und Seele zusammen. Je nach Epoche und Einstellung ist es mal der Körper und mal die Philosophie, die darüber entscheiden, was auf den Tisch kommt. Kein Zweifel, in Töpfen und auf Tellern spiegeln sich Zeitgeist und Lebensstil wider. Wollte man früher nur satt werden, wünscht man sich heute vorrangig Genuß; nahm man einst, was man kriegen konnte, wird nun Wert auf eine ausgewogene, gesunde Kost gelegt.

Die vegetarische Küche ist der ideale Begleiter dieser modernen Entwicklung. Keineswegs neu, dafür aber zigfach erprobt, besitzt die fleischlose Kochkunst mit ihren unzähligen, immer wieder überraschenden und durch und durch bekömmlichen Rezepten eine Gültigkeit, die schlichtweg zeitlos ist, die kurzlebige Trends und modische Tendenzen unbeschadet überstanden hat und wohl auch weiterhin überstehen wird. Qualität setzt sich durch. Überzeugen Sie sich selbst!

Suppen & Eintöpfe .... S. 8

Salate & Rohkost .... S. 30

Gemüse & Kartoffeln .... S. 48

Keimlinge & Hülsenfrüchte .... S. 72

Aufläufe & Gratins .... S. 80

Getreide & Pikantes Gebäck .... S.   94

Eier, Milchprodukte & Tofu .... S. 116

Früchte & Süßspeisen .... S. 130

Kleine Gerichte & Snacks .... S. 148

Ratgeber .... S. 170

Suppen & Eintöpfe

Ganz recht, es ist weder Fisch noch Fleisch, was
da in vegetarischen Suppentöpfen schwimmt.
Wozu denn auch? Ohne geht's viel besser! Und
dabei müssen selbst die verwöhntesten Suppen-
kasper keinerlei Abstriche an gewohnte An-
sprüche machen. Im Gegenteil, delikate Brühen,
elegante Creme-Kreationen und herzhafte Eintöpfe kennt die vegetarische Küche mehr als
genug. Allein die europäischen und asiatischen
Landesküchen haben zu diesem kulinarischen
Thema eine Unmenge an eigenen und mitunter
recht eigenwilligen Rezepturen geliefert. Suppen,
die man sich ruhig einmal einbrocken sollte ...

Gelbe Linsensuppe mit Curry

(Foto Seite 8/9)

1 Zwiebel	abziehen, fein würfeln, in
2 EL Butter	dünsten
2 Knoblauchzehen	abziehen, zerdrücken, dazugeben
1 EL Currypulver	
½ TL Paprika edelsüß	
¼ TL gemahlenen Kreuzkümmel	
1 TL Meersalz	
½ TL frisch gemahlenen schwarzen Pfeffer	
4 EL Tomatenmark	zufügen, kurz anschwitzen
1 l Gemüsebrühe	hinzugießen
400 g gelbe Linsen	einstreuen, aufkochen und 45 Minuten bei schwacher Hitze gar kochen lassen, nach 30 Minuten
3 EL ungeschwefelte Rosinen	einstreuen
1 Bund glatte Petersilie	abspülen, trockentupfen, die Blättchen von den Stengeln zupfen, grob hacken, vor dem Servieren in die Suppe streuen.

Erbsensuppe Bombay

400 frische, ausgepalte Erbsen	in
125 ml (⅛ l) Salzwasser	etwa 15 Minuten kochen, abgießen, durch ein Sieb streichen
1 l Gemüsebrühe	mit
1 EL Currypulver frisch gemahlenem schwarzem Pfeffer	
½ TL Honig	und den passierten Erbsen zum Kochen bringen
1 EL Butter	zerlassen
2 gestr. EL Buchweizenmehl	unter Rühren so lange darin erhitzen, bis es leicht gebräunt ist, die Mehlschwitze in die Suppe rühren, 5 Minuten kochen lassen
2 EL abgezogene, gehobelte Mandeln	
1 EL Pinienkerne	beide Zutaten in einer trockenen Pfanne leicht anrösten, in die Suppe geben
125 ml (⅛ l) Schlagsahne	hinzugießen (nicht kochen lassen), die Suppe sofort servieren.

Selleriecremesuppe mit Knoblauchcroutons

(Foto)

1 Sellerieknolle (etwa 450 g)	großzügig schälen, in grobe Würfel schneiden
250 g Porree (Lauch)	putzen, abspülen, in Ringe schneiden, in
3 EL Walnußöl	andünsten
250 ml (¼ l) Schlagsahne	
750 ml (¾ l) Gemüsebrühe	aufgießen, zugedeckt 45 Minuten gar kochen, mit
½ EL Salz	
¼ EL weißem Pfeffer	
1 TL Estragon	würzen
	das weiche Gemüse pürieren, die Suppe aufkochen lassen, mit
2 EL Zitronensaft	
1 EL Worcestersauce	abschmecken.

Für die Knoblauchcroutons

4 Scheiben Vollkorntoast	klein würfeln
2 Knoblauchzehen	pressen, dazugeben die beiden Zutaten in
4 EL Walnußöl	knusprig braun braten
1 Kästchen Kresse	abspülen, Blättchen abschneiden, zusammen mit den Knoblauchcroutons in die Suppe geben.

Linsensuppe Alexandria

250 g rote Linsen	waschen, in
250 ml (¼ l) Wasser	über Nacht einweichen
1 l Gemüsebrühe	erhitzen, die Linsen mit dem Einweichwasser hinzufügen
2 Knoblauchzehen	abziehen, fein würfeln, zu den Linsen geben, mit
2 Gewürznelken gemahlenem Kreuzkümmel	würzen die Linsensuppe 30 Minuten kochen lassen, die Gewürznelken entfernen, die Suppe im Mixer pürieren, in den Topf zurückgießen
3 EL kaltgepreßtes Olivenöl	in einer Pfanne erhitzen
1 große Zwiebel	abziehen, fein würfeln, im Öl glasig dünsten

(Fortsetzung Seite 12)

Gurkensuppe mit Pfefferkäse

....

1 Fleischtomate	kurze Zeit in kochendes Wasser legen (nicht kochen lassen), in kaltem Wasser abschrecken, enthäuten, den Stengelansatz herausschneiden, die Tomaten entkernen, das Fruchtfleisch in kleine Stücke schneiden, die Tomatenstücke zu den Zwiebeln geben, 10—15 Minuten dünsten, mit
Meersalz frisch gemahlenem schwarzen Pfeffer	würzen die Linsensuppe nochmals erhitzen, in eine Suppenschüssel geben, die gedünsteten Tomaten darauf geben, die Suppe mit
2 EL gehacktem Kerbel	bestreuen.

	(Foto)
1 mittelgroße Salatgurke (etwa 600 g)	schälen, halbieren, entkernen, in Stücke schneiden
1 Bund Dill	abspülen, trockentupfen, grob zerkleinern
1 Knoblauchzehe	abziehen, vierteln
100 g Pfefferkäse	in Stücke schneiden die vier Zutaten mit
125 ml (⅛ l) Schlagsahne	pürieren, mit
Meersalz	abschmecken, die Suppe mit
Dillblättchen	garniert servieren.
Beigabe	Vollkornbaguette oder Roggenvollkornbrötchen und Butter dazureichen.

Gurken-Tomaten-Kaltschale

(Foto)

1 Salatgurke (etwa 375 g)	schälen, längs halbieren, die Kerne mit einem Löffel auskratzen, in Würfel schneiden
300 g Tomaten	waschen, halbieren, entkernen, die Stengelansätze entfernen, das Tomatenfleisch in Würfel schneiden
1 Becher (500 g) Dickmilch	mit
125 ml (⅛ l) Schlagsahne	verrühren (falls die Masse zu dicklich ist, noch etwas Milch hinzugießen)
1 Knoblauchzehe	abziehen, durchpressen, mit
1 EL gehackter Petersilie	unterrühren, mit
Meersalz gemahlenem Pfeffer	abschmecken, Gurken- und Tomatenwürfel in die Masse geben, kalt stellen.

Ostpreußische Rote-Bete-Cremesuppe

375 g Rote Bete	waschen, schälen, in kleine Würfel schneiden
750 ml (¾ l) Gemüsebrühe gerebelten Majoran	zum Kochen bringen, Rote Betewürfel, hinzufügen, zum Kochen bringen, in etwa 25 Minuten gar kochen lassen, die Rote Bete mit dem Schnellmixstab des Handrührgerätes oder im Mixer pürieren, mit
2–3 EL. Obstessig Meersalz gemahlenem Pfeffer	würzen, erhitzen
etwa 3 EL Crème fraîche	unterrühren.
Tip	Nach Belieben in Butter geröstete Vollkorntoastbrotwürfel in die Suppe geben.

Sahnige Spinatsuppe mit Käsekrusteln

1 Zwiebel
1 Knoblauchzehe   abziehen, fein hacken
30 g Butter   in einem Topf erhitzen, Zwiebel- und Knoblauchwürfel darin glasig dünsten
300 g Spinat   sorgfältig verlesen, waschen, abtropfen lassen, hinzugeben, mit

Salz
frisch gemahlenem Pfeffer
geriebener Muskatnuß   würzen, so lange dünsten, bis er zusammenfällt, umrühren, zwischendurch

125 ml (1/8 l) Milch
125 ml (1/8 l) Schlagsahne   hinzugießen, zum Kochen bringen, etwa 5 Minuten köcheln lassen, mit dem Pürierstab schaumig pürieren, nochmals abschmecken.

Für die Käsekrusteln
1 Brötchen   in dünne Scheiben schneiden, unter dem Grill kurz rösten, herausnehmen
100 g Bergkäse   reiben, über die Brötchenscheiben streuen, so lange grillen, bis der Käse eine goldbraune Kruste hat

125 ml (1/8 l) Schlagsahne   fast steif schlagen
die Suppe auf vorgewärmte Teller geben, in die Mitte jeweils einen Klecks Sahne geben, mit den Käsekrusteln servieren.

Radieschensuppe mit Frischkäse

3 Schalotten	abziehen, fein hacken, in
2 EL Butter	weichdünsten
2-3 Bund Radieschen (je nach Größe)	mit den Blättern gründlich waschen, einige besonders schöne Blätter beiseite legen, die restlichen mit den Radieschen und
200 g Frischkäse	
250 ml (¼ l) Schlagsahne	im Mixer pürieren, das Püree mit
500 ml (½ l) Gemüsebrühe	
1 TL Salz	
1 Prise Chilipulver	
½ TL weißem Pfeffer	
Saft von ½ Zitrone	in einen Topf füllen, in etwa 20 Minuten gar kochen lassen, mit
1 TL Worcestersauce	abschmecken, die restlichen Radieschenblätter in schmale Streifen schneiden, vor dem Servieren in die Suppe streuen.

Austernpilzcreme mit schwarzem Sesam

	(Foto)
4 Schalotten	abziehen, fein würfeln *(Foto 1)*, in
2 EL Butter	dünsten
500 g Austernpilze	von den harten Teilen befreien *(Foto 2)*, abspülen, in schmale Streifen schneiden, zu den Schalotten geben, kräftig anbraten, ein Drittel der Streifen herausnehmen, beiseite stellen
1 Becher (150 g) Crème fraîche	
1 l Gemüsebrühe	
1 TL Meersalz	
½ TL gemahlener weißer Pfeffer	
1 Prise Cayennepfeffer	zu den Pilzen geben
1 TL rosa Pfefferkörner	in einem Marmormörser grob zerstoßen *(Foto 3)*, ebenfalls in die Suppe geben, zum Kochen bringen, in etwa 30 Minuten gar kochen, pürieren, nochmals aufkochen, mit
1 TL Sherryessig	abschmecken
½ Bund glatte Petersilie	abspülen, trockentupfen, die Blättchen von den Stengeln zupfen, die restlichen Pilzstreifen dazugeben, in der Suppe erhitzen
3 EL schwarzen Sesam	kurz in einer trockenen Pfanne rösten *(Foto 4)*, die Suppe mit den beiden Zutaten bestreuen.

Schnelle Lauchsuppe

1 Zwiebel	abziehen, fein würfeln
4 EL Olivenöl	in einem Topf erhitzen, Zwiebel darin andünsten
2 Stangen Lauch	putzen, waschen, in dünne Streifen schneiden, zu der Zwiebel geben, kurz mitdünsten
250 g Kartoffeln	schälen, grob würfeln, zum Gemüse geben und mitdünsten, mit
500 ml (½ l) Fleischbrühe	auffüllen und zum Kochen bringen, mit
Salz	
Pfeffer	
gerebeltem Thymian	
geriebener Muskatnuß	würzen und bei mäßiger Hitze 20–25 Minuten köcheln lassen die Lauchsuppe mit dem Pürierstab oder im Mixer pürieren und noch einmal in einem Topf erhitzen
1 Becher (150 g) Crème fraîche	
2 Eigelb	verrühren, die Suppe damit abziehen (nicht mehr kochen lassen) die Suppe nochmals mit den Gewürzen kräftig abschmecken.

Sauerampfersuppe

2 Zwiebeln	abziehen, fein würfeln
1–2 EL Butter	zerlassen, die Zwiebelwürfel darin glasig dünsten lassen
500 ml (½ l) Gemüsebrühe	hinzugießen, zum Kochen bringen, etwa 5 Minuten kochen lassen
200–250 g Sauerampfer	verlesen, die Stiele entfernen, die Sauerampferblätter vorsichtig abspülen, abtropfen lassen, in feine Streifen schneiden, in die Brühe geben, zum Kochen bringen, etwa 5 Minuten kochen lassen
2 Eigelb	mit
250 ml (¼ l) Schlagsahne	verrühren, die Suppe damit abziehen, erhitzen (nicht mehr kochen lassen), mit
Meersalz	
frisch gemahlenem Pfeffer	abschmecken, sofort servieren.
Beigabe	Weizen-Vollkorntoast.

Gemüse-Kefir-Suppe

	(Foto)
	Von
1 kleinen Fenchelknolle (250 g)	den Stiel dicht oberhalb der Knolle abschneiden, braune Stellen und Blätter entfernen, etwas Fenchelgrün beiseite stellen, das Wurzelende gerade schneiden, die Knolle waschen, halbieren, in feine Streifen schneiden
1 Bund Frühlingszwiebeln	putzen, waschen, in Ringe schneiden
1 Bund Radieschen	putzen, waschen, achteln
1 kleine Kohlrabi (200 g)	schälen, waschen, halbieren, in Scheiben schneiden
50 g Butter	zerlassen, das Gemüse (außer den Radieschen) darin andünsten, mit
Salz	
frisch gemahlenem Pfeffer	würzen, mit
etwas Zitronensaft	beträufeln, im geschlossenen Topf bei mittlerer Hitze fast gar dünsten
1 Becher Kefir (500 ml)	und die Radieschen dazugeben, 5 Minuten ziehen aber nicht kochen lassen, evtl. noch einmal kräftig mit Salz, Pfeffer abschmecken, mit dem gehackten Fenchelgrün bestreuen.

<u>Für die Kräuterkrusteln</u>

½ Bund Schnittlauch	abspülen, trockentupfen, in feine Röllchen schneiden
½ Bund Petersilie	abspülen, trockentupfen, die Blättchen von den Stengeln zupfen, fein hacken die Kräuter mit
2 EL geriebenem Meerrettich	
2 Eigelb	
100 g geriebenem Bergkäse	vermischen, auf
2 Scheiben Vollkornbrot	streichen, die Scheiben unter dem Grill goldgelb überbacken, die Scheiben in Rauten schneiden, auf der Suppe anrichten.

Joghurtsuppe mit Linsenkeimlingen

(Foto)

1 süßen, mürben Apfel	schälen, vierteln, Kerngehäuse entfernen, mit
1 l Joghurt	
4 EL Nußöl	
80 g Walnußkernen	
1 TL Meersalz	
1 TL frischem Majoran	
gemahlenem Zimt	
frisch gemahlenem schwarzem Pfeffer	im Mixer pürieren, mit
2 Tassen (je 250 ml) Linsenkeimlingen	verrühren, kalt servieren.

Grünkernsuppe mit Croutons

40 g Butter	zerlassen
100 g Grünkernmehl	unter Rühren kurze Zeit anschwitzen, gut
1 l Gemüsebrühe	hinzugießen, mit einem Schneebesen durchschlagen, darauf achten, daß keine Klumpen entstehen, zum Kochen bringen, in etwa 10 Minuten gar kochen lassen
125 ml (⅛ l) Schlagsahne	hinzugießen, mit
Meersalz	
gemahlenem Pfeffer	
geriebener Muskatnuß	würzen
1 EL gehackte Kräuter	unterrühren
Tip	Nach Belieben geröstete Vollkorntoastwürfel vor dem Servieren in die Suppe geben.

Buttermilch-Kresse-Suppe

....

100 g Vollkorntoastbrot	zuerst in Scheiben, dann in Würfel schneiden, ²/₃ von
50 g Butter	zerlassen, die Brotwürfel darin langsam rösten, einige Brotwürfel zum Garnieren beiseite legen
1 Zwiebel	abziehen, fein würfeln, in der restlichen Butter andünsten
1 Kästchen Kresse	Brotwürfel, Zwiebeln, abspülen, mit der Küchenschere vom Vlies schneiden
500 ml (½ l) Buttermilch	im Mixer pürieren, anschließend die Suppe unter ständigem Rühren vorsichtig erhitzen, zum Schluß mit
2 TL gestoßenem Koriander Salz frisch gemahlenem Pfeffer	abschmecken die Suppe in Suppentassen füllen, mit den restlichen Brotwürfeln und Kresse garnieren.
Tip	Die Suppe kann auch kalt serviert werden.

Paprika-Zucchini-Suppe

(Foto)

1 große Zwiebel	abziehen, fein hacken, in
2 EL Olivenöl	in einem Topf dünsten
2 Knoblauchzehen	abziehen, durchpressen, dazugeben, mit
750 ml (¾ l) Gemüsebrühe	aufgießen
250 g Zucchini	waschen, vom Stengelansatz befreien, klein würfeln
200 g grüne Paprika 250 g rote Paprika	halbieren, entstielen, entkernen, die weißen Scheidewände entfernen, die Schoten waschen, würfeln alle Zutaten in die Brühe geben, bei schwacher Hitze in etwa 20 Minuten gar kochen, die Suppe mit
1 TL Meersalz ½ TL frisch gemahlenem schwarzem Pfeffer ½ TL Paprikapulver 1 TL Apfelessig	würzen
1 Bund Basilikum	abspülen, trockentupfen, die Blättchen von den Stengeln zupfen, vor dem Servieren in die Suppe streuen.

Kalte Gurkensuppe

1 Salatgurke (500 g)	schälen, in Würfel schneiden, einige Scheiben zum Garnieren zurücklassen
3 Frühlingszwiebeln	abziehen, in Ringe schneiden beide Zutaten in
500 ml (½ l) Hühnerbrühe	zum Kochen bringen, weich kochen lassen, alles pürieren, mit
2 EL Zitronensaft 125 ml (⅛ l) Kefir	verrühren, mit
Salz, Pfeffer	abschmecken
1 EL gehackte Dillspitzen 1 EL gehackte Zitronenmelisse 1 EL gehackten Estragon	unterrühren, die Suppe kalt stellen, in Suppentassen geben, mit den zurückbehaltenen
Gurkenscheiben Zitronenmelisseblättchen	garnieren.

Gemüsebrühe mit Haferklößchen

125 g Hafer	sehr fein mahlen, in einer Pfanne ohne Fett leicht anrösten, erkalten lassen
40 g Butter	mit
3–4 Eigelb	schaumig rühren, mit
Hefeextrakt Meersalz geriebener Muskatnuß	würzen, das erkaltete Hafermehl zufügen, den Teig etwa 20 Minuten stehen lassen, damit er ausquellen kann
1 Eiweiß	steif schlagen, unter den Teig heben mit 2 Teelöffeln 12 kleine Klößchen aus dem Teig formen, die Klößchen in
1–1½ l kochender Gemüsebrühe	etwa 20 Minuten garen (Gemüsebrühe muß sich leicht bewegen) die Suppe mit
1–2 EL feingeschnittenem Schnittlauch	bestreuen.

Italienische Kichererbsensuppe

400 g Kichererbsen	in
1½ l Wasser	über Nacht einweichen in frischem Wasser 90 Minuten kochen
1 Zwiebel 1 Knoblauchzehe	beide Zutaten abziehen, fein würfeln
100 g Staudensellerie	putzen, waschen, in Stücke schneiden
2 Tomaten	kurze Zeit in kochendes Wasser legen (nicht kochen lassen), in kaltem Wasser abschrecken, enthäuten, die Stengelansätze herausschneiden, Tomaten in Würfel schneiden
1 Bund Petersilie	abspülen, trockentupfen, die Blättchen von den Stengel zupfen, fein hacken
4 EL kaltgepreßtes Olivenöl	in einem Topf erhitzen, Zwiebelwürfel darin glasig dünsten, Knoblauch- und Tomatenwürfel, Selleriestücke und gehackte Petersilie zugeben, das Gemüse 5 Minuten dünsten, etwas abkühlen lassen, mit dem Schnellmixstab pürieren, zu den Kichererbsen geben, mit
2 EL gekörnter Gemüsebrühe	

gerebeltem Majoran Pfeffer, Salz	würzen, weitere 5 Minuten kochen lassen
4 Scheiben Vollkorntoast	in kleine Würfel schneiden, in
4 EL kalt gepreßtem Olivenöl	knusprig braun braten, in die Suppenteller geben, mit
75 g frisch geriebenem Parmesan	bestreuen, die sehr heiße Suppe darübergießen.

Gemüsebrühe mit Zwiebelflädle

(Foto)

Für die Gemüsebrühe

1 große Zwiebel	abziehen, grob hacken
150 g Möhren	putzen, schälen, waschen, in Scheiben schneiden
2 Stangen Porree (Lauch)	putzen, waschen, in grobe Ringe schneiden
1 Stück Sellerie (etwa 150 g)	schälen, in Stücke schneiden, mit dem übrigen Gemüse in einen Topf geben, mit
1 l Wasser	aufgießen
1 TL Meersalz ½ TL gemahlenen Pfeffer 1 Lorbeerblatt	zugeben, alles knapp 2 Stunden köcheln lassen, durch ein Sieb gießen, die Brühe abschmecken.

Für die Zwiebelflädle

100 g Vollkornmehl	mit
1 Ei, 1 Eigelb 125 ml (⅛ l) Milch geriebener Muskatnuß Meersalz, Pfeffer	verrühren, 30 Minuten quellen lassen
2 Frühlingszwiebeln	putzen, waschen, in feine Ringe schneiden, unter den Teig rühren, in
4 EL kaltgepreßtem Sonnenblumenöl	vier dünne Pfannkuchen ausbacken, zusammenrollen, in dünne Streifen schneiden, auf vier Suppenteller verteilen, mit der Gemüsebrühe übergießen
1 Bund Schnittlauch	abspülen, trockentupfen, in feine Ringe schneiden, darüberstreuen.

Reis-Möhren-Suppe
mit Limonen
....

1 kleine Zwiebel	abziehen, fein hacken, in
2 EL Butter	glasig dünsten
100 g Langkornreis	einstreuen, gut verrühren, kurz andünsten, mit
1 l Gemüsebrühe	aufgießen, aufkochen lassen, 20 Minuten gar kochen
	mit
1 TL Salz	
½ TL frisch gemahlenem weißem Pfeffer	
½ TL geriebener Muskatnuß	würzen

150 g Möhren	putzen, schälen, waschen, würfeln, in die Suppe streuen, 5 Minuten weitergaren
2 Limonen	auspressen, den Saft in die Suppe gießen
3 EL Crème fraîche	einrühren, aufkochen lassen
1 Limone	unter heißem Wasser abspülen, in schmale Scheiben schneiden, die Suppe in vier Teller füllen, mit den Limonenscheiben garnieren.

Tomatensuppe
mit Broccoli

....

1 große Zwiebel	abziehen, fein hacken, in
1 EL Olivenöl	dünsten
2 Knoblauchzehen	abziehen, pressen, dazugeben
600 g Fleischtomaten	kurze Zeit in kochendes Wasser legen (nicht kochen lassen), in kaltem Wasser abschrecken, enthäuten, die Stengelansätze herausschneiden, im Mixer pürieren, zufügen
500 ml (½ l) Gemüsebrühe	aufgießen

300 g Broccoli (frisch oder tiefgekühlt)	die Blätter entfernen, die Stengel am Strunk schälen, bis kurz vor den Röschen kreuzförmig einschneiden, waschen, in den Topf geben, alle Zutaten in etwa 20 Minuten gar kochen, mit
1 TL Selleriesalz ¼ TL frisch gemahlenem weißem Pfeffer 1 TL gerebeltem Oregano ½ TL gerebeltem Thymian	würzen, kurz vor dem Servieren
1 Becher (150 g) saure Sahne	einrühren, sofort servieren.

Rosenkohlsuppe

....

(Foto)

500 g Rosenkohl	putzen, die Röschen am Strunk kreuzförmig einschneiden, den Rosenkohl waschen, in
250 ml (¼ l) kochendes Salzwasser	geben, zum Kochen bringen, etwa 10 Minuten kochen lassen kurz vor Beendigung der Garzeit etwa 10 Röschen herausnehmen, vierteln, beiseite stellen die restlichen Rosenkohlröschen in der Flüssigkeit pürieren
500 ml (½ l) heißes Wasser	
1 TL Gemüsebrühe	hinzufügen, zum Kochen bringen
1 TL Speisestärke	mit
1 EL kaltem Wasser	anrühren
1 Eigelb	
1 EL Crème fraîche	unterrühren, unter die Rosenkohlsuppe schlagen, erhitzen
½-1 EL weiche Butter	hinzufügen, die Suppe mit
Salz	
Zucker	
Cayennepfeffer	abschmecken, die zurückgelassenen Rosenkohlviertel hinzufügen, miterhitzen, die Suppe mit
gehackter Petersilie	bestreuen.

Kohlrabicremesuppe

....

4–5 große Kohlrabi	schälen, waschen, die feinen Blättchen aufbewahren, die Kohlrabi in feine Streifen schneiden, in
300–400 ml Gemüsebrühe	in etwa 20 Minuten garen in den Mixer geben oder mit dem Schnellmixstab des Handrührgerätes pürieren, mit
Meersalz gemahlenem Pfeffer wenig Cayennepfeffer Hefeextrakt geriebener Muskatnuß	würzen
1 Becher (150 g) Crème fraîche	unterziehen die Suppe mit dem kleingeschnittenem Kohlrabigrün bestreuen.

Salate & Rohkost

Es gab Zeiten, da mußten sich Vegetarier nicht nur über ungerechte Vorurteile ärgern, sondern auch noch Hohn und Spott über sich ergehen lassen. Heutzutage werden sie von keinem mehr belächelt. Im Gegenteil, prall gefüllte Salat- und Rohkostschüsseln sind längst kein Attribut exotischer Andersartigkeit mehr, sondern eine kulinarische Selbstverständlichkeit. Die wenig beachtete Beilage von einst, lieblos angehäuft und mit fader Sauce bekleckert, hat sich zur fein dekorierten, schmackhaften Autorität gemausert. Knackige Blattsalate, rohes Gemüse und frisches Obst machen einen modernen Trend zum gesundheitsorientierten Lebensstil. Und das in immer neuen Variationen: Die Palette reicht von herzhaft bis raffiniert.

Rote-Bete-Feldsalat mit Nüssen

(Foto Seite 30/31)

500 g Rote Bete	von den Blättern befreien, in einen Topf geben, knapp mit Wasser bedecken, zugedeckt, je nach Größe 30–50 Minuten garen, eiskalt abschrecken, vorsichtig enthäuten, abkühlen lassen, in zentimetergroße Würfel schneiden
100 g Feldsalat	putzen, gründlich waschen, gut abtropfen lassen, aus
5 EL Apfelessig	
1 TL scharfem Senf	
1 TL Meersalz	
½ TL Pfeffer	eine cremige Sauce rühren
1 Bund Petersilie	abspülen, trockentupfen, die Blättchen von den Stengeln zupfen
2 Schalotten	abziehen, fein würfeln, in die Sauce geben, den Feldsalat darin wenden, als Bett auf vier Tellern verteilen, die Rote Bete mit
100 g Walnußkernhälften	in der restlichen Sauce marinieren, auf dem Feldsalat verteilen.

Champignonsalat

375 g Champignons	putzen, waschen, gut abtropfen lassen, in dünne Scheiben schneiden

Für die Salatsauce

3–4 EL Zitronensaft	mit
4 EL kaltgepreßtem Olivenöl	verschlagen, mit
Meersalz	
frisch gemahlenem weißem Pfeffer	
1 TL Honig	würzen
1 mittelgroße Zwiebel	abziehen, fein würfeln, mit
2 EL gehackten Kräutern (Kerbel, Pimpinelle, glatte Petersilie)	unterrühren, die Champignonscheiben in die Salatsauce geben, vermengen, sofort servieren.
Beilage	Gerösteter Vollkorntoast.

Staudensellerie mit Dips

(Foto)

800 g Staudensellerie	putzen, waschen, die Stangen in ein breites Glas stellen oder auf einer Platte anrichten.

Für den Eierdip

3 hartgekochte Eier	pellen, das Eigelb mit einer Gabel zerdrücken, das Eiweiß fein hacken
100 g Doppelrahmfrischkäse	mit
4 EL Schlagsahne	verrühren, die Eiermasse unterheben, mit
Salz	abschmecken.

Dip „Thousands Islands"

100 g Doppelrahmfrischkäse	mit
2 EL Mayonnaise	glattrühren
2 EL Tomatenketchup	
2 EL Schlagsahne	unterrühren, mit Salz,
frisch geschrotetem schwarzem Pfeffer	abschmecken.

Für den Kräuter-Knoblauch-Dip

100 g Doppelrahmfrischkäse	mit
2 EL Schlagsahne	
2 EL Joghurt	glattrühren
1–2 Knoblauchzehen	abziehen, durchpressen
1 Gewürzgurke	fein würfeln
1 TL feingehackte Petersilie	
1 TL feingeschnittenen Schnittlauch	
1 EL feingehackte Kapern	unterrühren, mit Salz,
frisch gemahlenem Pfeffer	abschmecken, mit
Schnittlauchröllchen	bestreuen.

Orangen-Meerrettich-Dip

100 g Doppelrahmfrischkäse	mit
1 EL geriebenem Meerrettich	
2 EL Schlagsahne	
2 EL Orangensaft	glattrühren
1 TL abgeriebener Orangenschale	unterrrühren, mit Salz abschmecken.

Kartoffel-
Käse-Salat

....

750 g Kartoffeln, festkochend	gründlich waschen, in der Schale in etwa 20 Minuten gar kochen, abgießen, pellen, evtl. halbieren und in Scheiben schneiden
2 Zwiebeln	abziehen, würfeln, mit
2 EL Essig	
250 ml (¼ l) Gemüsebrühe	aufkochen, die Kartoffeln damit übergießen und 30 Minuten durchziehen lassen
150 g tiefgefrorene Erbsen	in Salzwasser etwa 2 Minuten blanchieren, auf ein Sieb geben und mit kaltem Wasser abspülen, abtropfen lassen
1 Bund Radieschen	putzen, waschen, in feine Streifen schneiden
1 kleinen Kopfsalat	in mundgerechte Stücke zerpflücken, waschen und gut abtropfen lassen

200 g Allgäuer Emmentaler	in Stifte schneiden.

Für die Salatsauce

75 g Salatcreme	mit
1 Becher (150 g) Magermilchjoghurt	
1 TL scharfem Senf	
1 Messerspitze Currypulver	verrühren, mit
Salz, Pfeffer	
Zucker	würzen.

Kartoffeln, Erbsen und Radieschen mit der Salatsauce mischen, auf den Salatblättern anrichten, Käsestifte darübergeben.

Brandenburger Käsesalat

(Foto)

200 g Emmentaler	in Streifen schneiden
1 säuerlichen Apfel	
1 Birne	waschen, vierteln, das Kerngehäuse entfernen, achteln, das Obst in Würfel schneiden
25 g Walnußkerne	grob hacken
	alle Zutaten miteinander vermischen
150 g Joghurt-Salat-Creme	mit
1 EL Delikateß-Senf	
1 EL Zitronensaft	verrühren, unter die Salatzutaten heben, mit
Salz	
Pfeffer	abschmecken, gut durchziehen lassen
1 Bund Schnittlauch	abspülen, trockentupfen, in Röllchen schneiden, über den Salat streuen.
Tip	Dazu Baguette oder Mehrkornbrot reichen.

Erbsensalat mit Minze

400 g frische, ausgepalte Erbsen wenig Salzwasser	in 8–10 Minuten kochen, die Erbsen auf ein Sieb geben, abkühlen lassen
200 g Champignons	putzen, waschen, in Scheiben schneiden
1 TL Butter	in einer Pfanne erhitzen, die Champignons zugeben, 5 Minuten braten
1 Apfel	waschen, halbieren, entkernen, in kleine Würfel schneiden
1 Zwiebel	abziehen, fein würfeln, Erbsen, Champignons, Zwiebel- und Apfelwürfel,
3 EL gehackte Minze	in eine Schüssel geben.

Für die Salatsauce

2 EL Zitronensaft	
1 TL Honig	
4 EL Schlagsahne	verrühren, mit
Meersalz	würzen, die Sauce über die Erbsen gießen, durchmischen, sofort servieren.

Rotkohlsalat mit Sesam und Tofubröseln

(Foto)
Von

1 kleinen Rotkohl (300–400 g)	die groben äußeren Blätter entfernen, den Kohl in Viertel schneiden, den Kohl waschen, sehr fein schneiden oder hobeln
1 mittelgroße Zwiebel	abziehen, sehr fein würfeln
4 EL kaltgepreßtes Sonnenblumenöl	mit
2–3 EL Weinessig Meersalz gemahlenem weißem Pfeffer Zucker	vermischen, den Rotkohl über die kleingehackte Zwiebel geben, leicht zerdrücken, etwa 30 Minuten gut abgedeckt stehen lassen
2 EL Sesamsamen	in einer trockenen Pfanne kurz anrösten, mit dem Rotkohl vermischen
125 g Tofu	mit den Händen zerbröseln, ebenfalls unter den Rotkohl mischen.

Mangoldsalat

Von

750 g Mangold (etwa 4–5 Stauden)	die Stiele abschneiden, harte Fäden an der Außenseite der Stiele abziehen, die Blätter beiseite legen, die Stengel in
kochendes Salzwasser	geben, zum Kochen bringen, etwa 15 Minuten darin kochen lassen, in Stücke schneiden, die Blätter waschen, in das kochende Gemüsewasser geben, kurz aufkochen, abtropfen lassen, grob hacken, den Mangold abkühlen lassen

Für die Salatsauce

2 Knoblauchzehen	abziehen, in dünne Scheiben schneiden, mit
6 EL Salatöl 3 EL Weinessig 2 TL Senf Salz Pfeffer	verrühren, die Salatsauce über das erkaltete Gemüse geben, gut durchziehen lassen.

Möhrenfrischkost mit Rosinen und Tofusauce

250 g Möhren	putzen, schälen, waschen, mittelfein reiben *(Foto 1)*
50 g Rosinen (ungeschwefelt)	kurz in warmen Wasser einweichen *(Foto 2)*, gut abtropfen lassen
50 g Walnußkerne	hacken.

Für die Tofusauce

125 g Tofu	zerbröseln *(Foto 3)*
3–5 EL Schlagsahne	
1 TL Honig	
2–3 EL Zitronensaft	
Ingwerpulver	
Korianderpulver	miteinander verrühren *(Foto 4)*, Möhren, Rosinen und Nüsse mischen, Tofusauce darübergeben, alle Zutaten gut vermengen, die Frischkost einige Minuten durchziehen lassen.
Tip	Die Frischkost mit halbierten Walnußkernen und Petersilienblättchen garnieren, auf Kopfsalatblättern anrichten.

Spinatsalat mit Buttermilchdressing

<u>Für das Buttermilchdressing</u>

1 EL Zitronensaft	mit
5 EL Speiseöl	
5 EL Buttermilch	verquirlen, mit
Salz	
frisch gemahlenem Pfeffer	
1 Prise Zucker	abschmecken.

<u>Für den Spinatsalat</u>

300–400 g jungen Spinat	putzen, grobe Stiele entfernen, gründlich waschen und abtropfen lassen
125 g Cocktailtomaten	waschen, halbieren, die Stengelansätze herausschneiden

125 g Champignons	putzen, evtl. waschen, in Scheiben schneiden
1 Bund Frühlingszwiebeln	putzen, waschen, in feine Ringe schneiden den Blattspinat mit Cocktailtomaten, Champignons und Frühlingszwiebeln auf Tellern anrichten, mit dem Buttermilchdressing übergießen, mit
100 g zerbröckeltem Edelpilzkäse	
2 TL Sesamsamen	bestreuen.

Spinatsalat mit Austernpilzen

400 g Blattspinat	verlesen, waschen, gut abtropfen lassen
400 g Austernpilze	mit Küchenpapier abreiben, vierteln, in
4 EL Sonnen-blumenöl	in einer beschichteten Pfanne braten, nach Belieben
2 Knoblauchzehen	abziehen, durch eine Presse zu den Pilzen geben
2 EL Sonnen-blumenkerne	dazugeben und mitrösten, mit
Salz frisch gemahlenem Pfeffer	würzen.

Für die Salatsauce

4 EL Sonnenblumenöl	mit
4 EL Sherryessig	
4 EL Wasser	verrühren
4 Schalotten	abziehen, fein würfeln, in die Sauce rühren, mit Salz und Pfeffer verrühren.

Den Spinat mit der Sauce beträufeln, die Austernpilze darauf verteilen

2 EL Sonnen-blumenkerne	in einer trockenen Pfanne rösten, über den Salat streuen, mit
4 gekochten, halbierten Eiern	garnieren.
Tip	Statt der Hühnereier können Sie auch 8 halbierte Wachteleier verwenden.

Spargel-Tofu-Salat

400 g grünen Spargel	nur am unteren Teil der Stangen schälen
	die unteren Ende gerade und alle Stangen möglichst gleichlang schneiden, holzige Stellen vollkommen wegschneiden, den Spargel waschen
	Spargel schräg in 5 cm lange Stücke schneiden
Wasser	mit
1 EL Sojasauce	zum Kochen bringen, den Spargel 5 Minuten darin garen, die Spitzen nur 3 Minuten.

Für das Dressing

4 EL Sojasauce	
4 EL Zitronensaft	
3 TL Zucker	
abgeriebene Schale von ½ Zitrone (unbehandelt)	
5 EL Sesamöl	miteinander verrühren.
250 g Tofu	in Würfel schneiden, mit den Spargelstücken und dem Dressing vorsichtig mischen
2 Frühlingszwiebeln	putzen, waschen, in Ringe schneiden
30 g Sauerampfer oder Kresse	waschen, trockentupfen, Sauerampfer in Streifen schneiden, unterheben
1 Stück Ingwer (etwa 3 cm)	schälen, fein reiben, über das Dressing geben, mit den Spargelköpfen anrichten.

Fitness-Salat New York

50 g Sonnenblumen-kernkeimlinge	auf ein Sieb geben, unter fließendem kaltem Wasser abspülen, abtropfen lassen
200 g gemischten Blattsalat (z. B. Lollo rosso, Spinat, Radicchio)	waschen, trockenschleudern
1 kleine Kohlrabiknolle (250 g)	schälen, waschen, in Streifen schneiden
2 junge Möhren	putzen, schälen, waschen, in Scheibchen schneiden
5 Radieschen	putzen, waschen, in Stifte schneiden
8 Egerlinge	putzen, waschen, trockentupfen, in Viertel schneiden, das kleingeschnittene Gemüse und die Keimlinge in eine Schüssel geben.

Für die Salatsauce

4 EL milden Kräuteressig	mit
Meersalz gemahlenem schwarzen Pfeffer 1 TL Senf 6 EL Sonnen-blumenöl	verrühren, mit dem Salat mischen, auf Radicchioblättern anrichten
50 g Sonnen-blumenkerne	in einer trockenen Pfanne unter Wenden rösten, über den Salat streuen.

Möhrensalat mit Roggenkeimlingen

500 g Möhren	putzen, schälen, waschen, grob raspeln, in eine Schüssel geben
100 g Roggen-keimlinge	auf ein Sieb geben, unter fließendem kaltem Wasser abspülen, abtropfen lassen, zu den Möhren geben.

Für die Salatsauce

2 EL Zitronensaft	mit
1 EL Crème fraîche 100 ml Schlagsahne ½ TL Honig	

Meersalz weißem Pfeffer	verrühren die Salatsauce über Möhren und Roggenkeimlinge gießen, vorsichtig durchmischen, den Salat mit
1 EL gehackter Petersilie 1 EL gehackter Pimpinelle	bestreuen.

Kartoffelsalat mit Sprossen

(Foto)

600 g mehlig-kochende Kartoffeln	waschen, mit Wasser zum Kochen bringen, gar kochen lassen, abgießen, heiß pellen, lauwarm in feine Scheiben schneiden
4 Eier	etwa 8 Minuten kochen, kalt abschrecken, pellen, abkühlen lassen
125 ml (⅛ l) Gemüse-Hefebrühe	mit
2 EL Kräuteressig Salz frisch gemahlenem Pfeffer	aufkochen lassen, mit würzen, über die Kartoffelscheiben gießen, ziehen lassen, bis die Flüssigkeit aufgesogen ist
1 Bund Lauch-zwiebeln 1 Bund Radieschen	putzen, waschen, in Scheiben schneiden
50 g Sprossen, z. B. Alfalfa	verlesen, unter fließendem Wasser abspülen, gut abtrocknen lassen
3 EL Sonnen-blumenkerne	in einer beschichteten Pfanne rösten
2 Becher (300 g) saure Sahne	mit Salz, Pfeffer,
2 EL Zitronensaft 2 EL mittelscharfem Senf	abschmecken Lauchzwiebeln, Radieschen, Sprossen und Kartoffeln mischen, unter die Sauce heben und nochmals abschmecken, mit den Eihälften und den Sonnenblumen-kernen,
einigen Salatblättern	den Kartoffelsalat garnieren.

Bananen-Melonen-Frischkost

....

(Foto)

3 Bananen	schälen, in Scheiben schneiden, mit
2 EL Apfelessig	beträufeln
150 g Möhren	putzen, schälen, waschen, fein raspeln
	von
½ (400 g) kleinen Honigmelone	Schale und Kerne entfernen, das Fruchtfleisch in Scheiben schneiden
3 TL feingehackten Kerbel	dazugeben, alle Zutaten mischen
4 Eissalatblätter	abspülen, eine Schüssel damit auslegen, die Bananenfrischkost hineinfüllen
6–8 EL Kefir	mit
1 EL Apfelessig	
3 TL Honig	verrühren, über die Bananen-Melonen-Frischkost servieren.

Süßsaurer Linsensalat

....

250 g Linsen	waschen, über Nacht in
750 ml (¾ l) Wasser	einweichen, im Einweichwasser mit
1 Lorbeerblatt	zum Kochen bringen, mit
Salz, Pfeffer Zucker	würzen, etwa 15 Minuten kochen lassen
2 EL Essig	unterrühren, die Linsen erkalten lassen
3 Zwiebeln	abziehen, in Ringe schneiden
1–2 Tomaten	waschen, abtrocknen, halbieren, entkernen, in Streifen schneiden
1 EL feingeschnittener Schnittlauch	Linsen, Zwiebeln, Tomaten, Schnittlauch vermengen, mit Salz, Pfeffer abschmecken, gut durchziehen lassen, nochmals mit Salz, Pfeffer abschmecken den Salat mit
Petersilie	garnieren.
Beilage	Spiegeleier.

Gemüsesalat mit Basilikum

Für die Salatsauce

2 EL Zitronensaft	mit
200 g Mayonnaise extra leicht	verrühren
1 Zwiebel	abziehen, fein würfeln, unter die Sauce geben, mit
Salz	
Pfeffer	würzen
	von
1 Topf Basilikum	die Stengel abschneiden, abspülen, trockentupfen, die Blättchen von den Stengeln zupfen, einige Blätter zur Dekoration zurücklegen, die restlichen Blätter in feine Streifen schneiden, in die Salatsauce geben.

Für das Gemüse

Von

300 g Broccoli	die Blätter entfernen, in kleine Röschen teilen, waschen
½ Blumenkohl (400 g)	in kleine Röschen teilen, waschen, in kochendes
Salzwasser	geben, zum Kochen bringen, 8–10 Minuten kochen lassen, kurz in kaltes Wasser legen, auf ein Sieb zum Abtropfen geben
	von
¼ Kopf (200 g) Rotkohl	die groben äußeren Blätter lösen, den Strunk herausschneiden den Kohl waschen, in sehr feine Streifen schneiden, den Kohl etwa 3 Minuten blanchieren, abtropfen lassen
½ Frisée-Salat	putzen, waschen, zerpflücken, auf vier Tellern anrichten das Gemüse auf dem Frisée-Salat anrichten, mit der Salatsauce übergießen
3 EL Pinienkerne	über den Salat streuen, mit dem restlichen Basilikum garnieren.

Gemüse & Kartoffeln

So einfach es klingt, so unbestreitbar ist die Tatsache: Gemüse und Kartoffeln sind unverzichtbare Grundnahrungsmittel. Wer im geheimen — oder auch ganz offensichtlich — sein Bratkartoffelverhältnis pflegt, der weiß um die Qualität dieser tollen Knolle, um ihre Vielfältigkeit und ihren Geschmack. Des Bürgers liebste Trüffel ist daher der Favorit auf jedem Wochenmarkt, auch wenn ihm exotische Früchte mit ihren Farben und Düften gern den Rang ablaufen möchten. Doch was nützt all der schöne Schein, auf den Inhalt kommt es an. Deshalb hat auch das große Gemüse-ABC Bestand. Von A-Z, von Artischocke bis Zucchini, lehrt es uns, das Gesundheit käuflich ist, daß Vitamine und Mineralstoffe wunderbar schmecken können. Eine leckere Lektion!

Überbackene Auberginen

(Foto Seite 48/49)

2 kleine Auberginen	vom Stengelansatz befreien, waschen, längs halbieren, die Auberginenhälften quer in ¹/₂ cm dicke Scheiben schneiden, mit
1 TL Meersalz ¹/₂ TL gemahlenem Pfeffer	bestreuen
250 g griechischen Schafskäse	in dünne Scheiben schneiden, eine feuerfeste Form mit
1 EL Olivenöl	einpinseln, die Auberginenscheiben in die Form setzen, zwischen jede Scheibe etwas Käse geben, alles mit Salz, Pfeffer,
1 TL gerebeltem Oregano	bestreuen, die Form auf dem Rost in den Backofen schieben

Ober-/Unterhitze etwa 220 °C (vorgeheizt)
Heißluft etwa 200 °C (nicht vorgeheizt)
Gas etwa Stufe 4 (vorgeheizt)
Backzeit etwa 45 Minuten

falls die Oberfläche zu dunkel wird, mit Alufolie abdecken.

Für die Petersiliensauce

3 Bund glatte Petersilie	abspülen, trockentupfen, die Blättchen von den Stengeln zupfen
1 kleine Zwiebel	abziehen, grob würfeln, mit der Petersilie im Mixer pürieren, mit
2 Bechern (je 150 g) Joghurt	verrühren, mit
Meersalz gemahlenem weißen Pfeffer Zitronensaft	würzen, zu den Auberginen servieren.

Chicorée, geschmort

(Foto)

750 g Chicorée	putzen, längs halbieren, den etwas bitteren Kern herausschneiden, die Chicoréehälften waschen, gut abtropfen lassen
50 g Butter	zerlassen, die Chicorée-Hälften darin in etwa 6 Minuten von allen Seiten leicht anbräunen, mit
Salz Pfeffer Zucker	würzen
1 säuerlichen Apfel	schälen, vierteln, entkernen, in kleine Stücke schneiden, zu dem Chicorée geben, kurz durchschmoren lassen
2–3 EL Wasser	hinzufügen, das Gemüse im geschlossenen Topf 4–5 Minuten schmoren lassen, mit Salz, Pfeffer, Zucker abschmecken.

Shii-Take-Gemüse-Pfanne

60 g Weizenkörner	über Nacht in kaltem Wasser einweichen, mit
125 ml (¹/₈ l) Gemüsebrühe 2 EL Sojasauce	übergießen, etwa 15 Minuten kochen
1 kleine Zwiebel (50 g)	abziehen, fein würfeln
2 EL Butter	zerlassen, die Zwiebelwürfel langsam weich dünsten
200 g Möhren	putzen, schälen, waschen
1 Kohlrabi	schälen, waschen, beide Zutaten klein würfeln
200 g möglichst kleine Zucchini	waschen, vom Stengelansatz befreien, längs vierteln, in Stücke schneiden
400 g Shii-Take-Pilze	mit Küchenkrepp abreiben, vom Stengel befreien, zu den Zwiebeln geben, kurz und kräftig andünsten, das Gemüse zugeben, untermischen, mit
Meersalz frisch gemahlenem schwarzem Pfeffer Zitronensaft	würzen
1 Knoblauchzehe	abziehen, durch die Knoblauchpresse ins Gemüse drücken, das Gemüse 5 Minuten schmoren, die Weizenkörner mit der Hälfte der Brühe hinzufügen, weitere 7 Minuten schmoren, evtl. nochmal mit Meersalz, Pfeffer, Zitronensaft abschmecken
1 Kästchen Kresse	putzen, waschen, abtropfen lassen, über das Gemüse geben, umrühren.
Tip	Naturreis dazu servieren.

Fritiertes Gemüse mit Sauce Béarnaise

16 grüne Spargel-stangen (500 g)	nur am unteren Ende schälen die unteren Enden gerade und alle Stangen möglichst gleichlang schneiden, den Spargel waschen
von	
250 g Broccoli	die Blätter entfernen, waschen
½ Kopf (500 g) Blumenkohl	von Blättern befreien, in kleine Röschen teilen, waschen, das Gemüse in
Salzwasser	etwa 3 Minuten garen, kurz in kaltes Wasser legen, auf ein Sieb geben, gut abtropfen lassen
120 g Champignons	putzen, abreiben
100 g Zuckerschoten	putzen, waschen, gut abtropfen lassen.

Für den Teig

200 g Weizenmehl	
50 g Speisestärke	in eine Schüssel sieben, in die Mitte eine Vertiefung drücken
4 Eigelb	
½ TL Salz	
125 ml (⅛ l) Wasser	
125 ml (⅛ l) helles Bier	hinzugeben, mit dem Schneebesen zu einem Teig verarbeiten
50 g Butter	zerlassen, zu dem Teig geben, gut unterrühren den Teig 10 Minuten stehen lassen
4 Eiweiß	steif schlagen, unter den Teig heben
Sonnenblumenöl	zum Ausbacken in einem Topf auf etwa 180 °C erhitzen
250 ml Sauce Béarnaise	nach Packungsvorschrift erhitzen das Gemüse mit Hilfe einer Gabel durch den Teig ziehen, im heißen Öl knusprig goldgelb ausbacken, das fritierte Gemüse mit Küchenpapier abtupfen auf einem Teller anrichten, die Sauce Béarnaise dazu servieren.

Kräuterchampignons in Bierteig

....

16 große Champignons	putzen, abreiben, die Stiele herausdrehen, fein schneiden, mit	
2 EL Zitronensaft	beträufeln	
4 Knoblauchzehen	abziehen, durchpressen	
1 Bund gemischte Kräuter	abspülen, trockentupfen, die Blättchen von den Stengeln zupfen, fein hacken Knoblauch, Kräuter und Champignonstiele in	
60 g Butterschmalz	dünsten, mit	
Salz frisch gemahlenem Pfeffer	würzen, in die Pilzköpfe füllen.	

Für den Teig

125 g Weizenmehl	mit
75 g Speisestärke	mischen, in eine Schüssel sieben
3 Eigelb 200 ml Bier	hinzugeben, mit einem Rührbesen zu einem Teig verarbeiten, salzen
4 Eiweiß	steif schlagen, unter den Teig heben die Kräuterchampignons mit Hilfe einer Gabel in den Bierteig tauchen, in
500 g Butterschmalz	goldgelb ausbacken, zwischendurch einmal wenden.

mit Knobland + Zwiebel andünsten würzen, 10 Min

gut

Mangold

(Foto)

1 kg Mangold	putzen, die Stengel von den Blättern schneiden, die Blätter gründlich waschen, ohne Wasser in etwa 10 Minuten gar dünsten lassen, dann grob oder fein schneiden, die Mangoldstengel abziehen
50 g Butter	zerlassen, die Mangoldstengel darin andünsten
1 Lorbeerblatt 1–2 TL Kräuteressig 125 ml (⅛ l) Milch Meersalz	hinzufügen, mit würzen, in etwa 10 Minuten gar dünsten lassen, die kleingeschnittenen Mangoldblätter,
~~125 ml (⅛ l) Schmand~~	unterrühren, erhitzen das Gemüse mit Salz,
frisch gemahlenem Pfeffer	abschmecken.
Beilage	Pellkartoffeln, Spiegelei.

Blattspinat mit Sesam

1 kg Blattspinat	verlesen, putzen, waschen, entstielen, den Spinat in
reichlich Wasser 1 EL Sesamöl 2 EL Sojasauce	mit einmal aufkochen, die Spinatblätter in eiskaltem Wasser abschrecken (evtl. einige Eiswürfel ins Wasser geben)
65 g weiße Sesamsamen	in einer trockenen Pfanne gleichmäßig rösten, einen Eßlöffel beiseite legen, die übrigen im Mixer zu einer dicken Paste zerkleinern, mit
1 EL Sojasauce 3-4 EL Gemüsebrühe Cayennepfeffer gemahlenem Pfeffer	würzen, mit zu einer cremigen Sauce verrühren, mit abschmecken, den Spinat evtl. vorsichtig erwärmen, mit der Sauce vermischen, auf einer Platte anrichten, mit den Sesamsamen bestreuen.

Geschmorte Gurken in Schmand

1 kg Gemüsegurken	waschen, abtrocknen, halbieren, entkernen, in Würfel schneiden
2 Zwiebeln	abziehen, in Scheiben schneiden
60 g Butter	zerlassen, die Zwiebelscheiben darin andünsten, die Gurkenwürfel,
125 ml (⅛ l) Wasser oder Gemüsebrühe	hinzufügen, in 20–25 Minuten gar dünsten lassen, nach Belieben
200 ml Schmand 1 gestr. EL Weizenmehl	mit
	verrühren, unter das Gemüse rühren, mit
Meersalz gemahlenem Pfeffer	würzen, mit
feingehackten Dill	bestreut servieren.
Beilage	Dampfkartoffeln.

Okragemüse

500 g Okraschoten	waschen, mit einem scharfen Messer behutsam die Haut abschaben, Stiele kurz oberhalb der Frucht abschneiden
1 Bund Frühlingszwiebeln	putzen, waschen, in Ringe schneiden
2 Knoblauchzehen	abziehen, fein würfeln
500 g Markkürbis	von Fasern und Kernen befreien, mit einem Kugelmesser das Fruchtfleisch in Kugeln aus der Schale heben
500 g Fleischtomaten	kurze Zeit in kochendes Wasser legen (nicht kochen lassen), in kaltem Waser abschrecken, enthäuten, die Tomaten entkernen, würfeln
1 rote Chilischote	von Stiel, Kernen und Zwischenwänden befreien, fein würfeln
3 EL Olivenöl	erhitzen, Zwiebelringe, Tomaten darin andünsten, mit
Salz Pfeffer Zitronensaft Chilipulver Knoblauchpulver	würzen, Okraschoten hinzufügen und Kürbiskugeln einlegen, in etwa 20 Minuten gar dünsten lassen, mit
Tabasco	abschmecken, sofort servieren.

Gefüllte Champignonköpfe

(Foto)

16 möglichst große Champignons oder Egerlinge	abspülen, trockenreiben, die Stiele herausdrehen *(Foto 1)*, die Pilzköpfe mit einem Teelöffel aushöhlen, das Pilzfleisch und die Stiele fein hacken
1 kleine Zwiebel	abziehen, fein hacken, in
1 EL Butter	weich dünsten, Pilzfleisch zufügen und dünsten, bis fast die gesamte Flüssigkeit verdampft ist, abkühlen lassen, mit
250 g Frischkäse 2 Eigelb 2 EL Semmelbröseln 1 Bund gehackter Petersilie Meersalz frisch gemahlenem weißem Pfeffer	in eine Schüssel füllen
1 Knoblauchzehe	abziehen, durchdrücken, dazugeben alles mischen *(Foto 2)*, die Pilzköpfe mit der Käsemasse füllen *(Foto 3)*, in eine gefettete, feuerfeste Form setzen, die Form auf dem Rost in den Backofen schieben

Ober-/Unterhitze	etwa 180 °C (vorgeheizt)
Heißluft	etwa 160 °C (nicht vorgeheizt)
Gas	etwa Stufe 2 (vorgeheizt)
Backzeit	etwa 20 Minuten.

Marinierte Austernpilze

(Foto)

	Für die Marinade
100 ml Olivenöl	in eine Pfanne gießen
2 Knoblauchzehen	abziehen, durchpressen, mit
250 ml (¼ l) Wasser	
etwa 6 EL Zitronensaft	
2 Lorbeerblättern	
1 TL italienischer Kräutermischung	
Salz	
Pfeffer	zu dem Öl geben, die Pfanne mit einem Deckel verschließen, das Öl mit den Gewürzen zum Kochen bringen, etwa 5 Minuten kochen lassen

500 g Austernpilze	putzen, unter fließendem kaltem Wasser abspülen, evtl. etwas kleiner schneiden, in die Olivenöl-Marinade geben, zugedeckt 7–10 Minuten darin dünsten lassen, mit Salz, Pfeffer abschmecken, die Austernpilze in der Marinade erkalten lassen, mit der Marinade in sorgfältig gespülte, gut abgetropfte Gläser mit Schraubverschluß füllen, die Gläser verschließen, kühl (Keller) aufbewahren.
Haltbarkeit	Etwa 8 Tage. Wenn die Pilze länger aufbewahrt werden sollen, müssen sie eingekocht werden.

Gratinierter Fenchel
mit Nußkruste

....

2 Fenchelknollen
(etwa 500 g) das Grün abschneiden, die Knollen
putzen, waschen, halbieren

2 EL Sonnen-
blumenöl erhitzen, die Fenchelhälften darin
anbraten, etwas Wasser hinzufügen,
dünsten lassen

1 Ei mit
2 EL Crème fraîche
3 EL gemahlenen
Haselnußkernen
2 EL Weizenschrot
1 EL Sesamsaat
gemahlenem
schwarzem Pfeffer
Meersalz
½ TL gerebeltem
Oregano

½ TL gerebeltem
Thymian vermengen, die Fenchelhälften in eine
gefettete Auflaufform setzen, die
Nußmasse darauf verteilen, im Backofen
überbacken

Ober-/Unterhitze *200–225 °C (vorgeheizt)*
Heißluft *175–200 °C (nicht vorgeheizt)*
Gas *Stufe 3–4 (vorgeheizt)*
Backzeit *etwa 30 Minuten*

das Fenchelgrün fein hacken, darauf
streuen.

Schmorgurken-Pfifferling-Gemüse

Für die Sesamkartoffeln

500 g kleine Kartoffeln, festkochend — unter fließendem kaltem Wasser gründlich abbürsten, längs halbieren, mit

2 EL zerlassener Butter — bestreichen, mit der Schnittfläche nach oben auf ein Backblech legen, mit

2 EL ungeschälten Sesamsamen — bestreuen

Ober- und Unterhitze — etwa 220 °C (vorgeheizt)
Heißluft — etwa 200 °C (nicht vorgeheizt)
Gas — etwa Stufe 4 (vorgeheizt)
Backzeit — etwa 30 Minuten.

Für das Schmorgurken-Pfifferling-Gemüse

200 g Pfifferlinge — gründlich waschen und putzen
600 g Schmorgurken — schälen, längs halbieren, die Kerne mit einem Löffel herauskratzen, Gurke in

1 cm breite Streifen schneiden

1 Fleischtomate — enthäuten, die Kerne herauskratzen, das Fruchtfleisch in kleine Würfel schneiden

1 Zwiebel — abziehen, fein würfeln

3 EL Butter — in einer Pfanne zerlassen, die Zwiebelwürfel darin glasig dünsten, Pfifferlinge hinzufügen, kurz mitdünsten, Schmorgurken hinzufügen, etwa 8 Minuten dünsten, mit

Salz, Pfeffer — abschmecken, Tomatenwürfel dazugeben

125 g deutschen Butterkäse — in Würfel schneiden, unter das Gemüse mischen, mit einem Deckel abdecken, schmelzen lassen

1 Bund Dill — abspülen, mit Küchenpaier trockentupfen, die Blättchen von den Stengeln zupfen, fein schneiden, über das Gemüse streuen und zusammen mit den Sesamkartoffeln servieren.

Grün-weißer Spargelstrudel

Für 8 Personen

Für den Strudelteig

200 g Weizenmehl	in eine Rührschüssel sieben
1 Messerspitze Salz	
4 EL Sonnen-blumenöl	
5 EL Wasser	hinzufügen, mit Handrührgerät mit Knethaken gut durcharbeiten, den Teig auf Pergamentpapier in einen heißen, trockenen Kochtopf legen, mit einem Deckel verschließen, etwa 30 Minuten ruhen lassen, den Teig auf einem bemehlten großen Tuch ausrollen, dünn mit etwas Sonnenblumenöl bestreichen, über den Handrücken zu einem Rechteck (60x50 cm) ausziehen, die Ränder, wenn sie dicker sind, abschneiden, den Teig mit etwas Fett bestreichen, zugedeckt etwa 30 Minuten ruhen lassen.

Für die Füllung

800 g grünen Spargel	
600 g weißen Spargel	schälen, waschen, die Spargelköpfe abschneiden und getrennt in
Salzwasser	etwa 10 Minuten garen, die Spargelstangen kleinschneiden, in Salzwasser etwa 20 Minuten garen, das Wasser abgießen, die Spargelstücke mit einem Handrührgerät mit Pürierstab fein pürieren, das Spargelpüree in eine Schüssel geben, etwas erkalten lassen
4 Eigelb	
100 g Speisequark	
2 EL Weizenmehl	
3 TL Speisestärke	hinzugeben, unterrühren, mit
Salz	
frisch gemahlenem	
Pfeffer	würzen, im Kühlschrank vollständig abkühlen lassen

(Fortsetzung Seite 62)

4 EL Semmelbröseln	die Teigfläche (60x50 cm) mit bestreuen
	auf ⅔ der Fläche die Spargelfüllung ausstreichen, die gut abgetropften Spargelspitzen auf der Spargelfüllung verteilen, durch leichtes Anheben des Tuches den Teig nun vorsichtig einrollen das letzte Drittel mit
etwas von 30 g flüssiger Butter	bestreichen, den Strudel ganz einrollen ein Backblech mit Backpapier auslegen, den Strudel darauflegen, mit flüssiger Butter bestreichen

Ober-/Unterhitze	*etwa 180 °C (vorgeheizt)*
Heißluft	*etwa 160 °C (nicht vorgeheizt)*
Gas	*etwa Stufe 3 (vorgeheizt)*
Backzeit	*50–60 Minuten*

	mit der restlichen Butter während des Backens bestreichen
250 ml Hollandaise	nach Packungsvorschrift erwärmen und mit
1 EL frischen Kräuter	über den Strudel geben.

Marinierter Porree

(Foto)

1 kg Porree (10 dünne Stangen)	putzen, das dunkle Grün bis auf etwa 10 cm entfernen, die Porreestangen längs einschneiden, gründlich waschen, mit Küchengarn zu kleinen Bündeln zusammenbinden
125 ml (⅛ l) Wasser	mit
125 ml (⅛ l) Weißwein	
5–6 EL Zitronensaft	
6 EL Olivenöl	vermengen
3–4 Thymianzweige	
10 Zweige glatte Petersilie	vorsichtig abspülen, abtropfen lassen, mit
1 EL Koriander- körnern	
6 Lorbeerblättern	
Salz, Pfeffer	in die Flüssigkeit geben, zum Kochen bringen, etwa 10 Minuten kochen, die Porreebündel hineingeben, zum Kochen bringen, in etwa 30 Minuten gar kochen lassen, in der Flüssigkeit erkalten lassen, mit einem Schaumlöffel herausnehmen, das Küchengarn entfernen, die Porree- stangen auf einer Platte anrichten, mit etwas von der erkalteten Flüssigkeit übergießen.

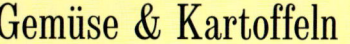

Gefüllte Kohlrabi

....

4 große Kohlrabi mit Grün	putzen, Stiele mit Grün abschneiden, beiseite legen, Knollen waschen, von oben her aushöhlen, Kohlrabi in
4 EL Wasser	mit
¼ TL Salz	in etwa 15 Minuten fast weich dünsten, Stiele von den Blättern abschneiden, zarte Blätter auswählen, waschen, in Streifen schneiden
1 Zwiebel	abziehen, in Würfel schneiden
1 EL Butter	zerlassen, Zwiebel, Blattstreifen, Kohlrabistücke aus dem Inneren darin etwa 15 Minuten dünsten, mit
Salz Pfeffer Muskat	abschmecken, etwas abkühlen lassen, mit
250 g Magerquark 125 g geriebenem Raclette-Käse	vermengen, die Masse in die ausgehöhlten Kohlrabi füllen, in eine gefettete Auflaufform setzen, auf dem Rost in den Backofen schieben

Ober-/Unterhitze	*etwa 220 °C (vorgeheizt)*
Heißluft	*etwa 200 °C (nicht vorgeheizt)*
Gas	*Stufe 3–4 (vorgeheizt)*
Backzeit	*etwa 20 Minuten.*

Beilage	Kartoffeln dazureichen.

Grüne Bohnen in Petersilien-Sahne

....

750 g Grüne Bohnen	abfädeln, waschen, in Stücke schneiden oder brechen, mit
1–2 Zweigen Bohnenkraut	in
wenig kochendes Salzwasser	geben, zum Kochen bringen, in etwa 10 Minuten gar kochen, abtropfen lassen
1 Becher (150 g) Crème fraîche	in den Topf geben, erhitzen
2 EL gehackte Petersilie	unterrühren, mit
Salz, Pfeffer geriebener Muskatnuß	würzen, die Bohnen hinzufügen, unter vorsichtigem Schwenken darin erhitzen, evtl. nochmals mit Salz, Pfeffer abschmecken.

Pesto

(Italienische Basilikumsauce – Foto)

3–4 Knoblauchzehen	abziehen, mit
1 TL Salz	
50 g Pinienkernen	
etwa 8 EL gehackten Basilikumblättchen	im Mörser so lange zerstoßen, bis eine cremige Masse entstanden ist
50 g geriebenen Pecorino-Käse und	
50 g geriebenen Parmesan-Käse oder	
100 g geriebenen Parmesan-Käse	in den Mörser geben, unterarbeiten
200 ml Olivenöl	unterrühren.
Hinweis	Pesto zu Nudelgerichten oder Gemüsesuppen reichen.
Tip	Sofern kein Mörser vorhanden ist, die Zutaten (Basilikum, Knoblauch, Salz, Pinienkerne) im Mixer pürieren, dann wie im Rezept angegeben weiterarbeiten.

Kürbis-Reibekuchen

500 g Kartoffeln	schälen, waschen
500 g Kürbis	schälen, die Kerne mit einem Löffel herauskratzen
	beide Zutaten reiben, mit
Meersalz	
2 Eiern	
30 g Weizenmehl	verrühren, etwas von
125 ml (1/8 l)	
Maiskeimöl	erhitzen, den Teig eßlöffelweise hineingeben, flach drücken, von beiden Seiten braun und knusprig backen.
Beigabe	Apfelmus, Bohnensalat.

Folien-kartoffeln

(Foto)

8 mittelgroße Kartoffeln	waschen, abtrocknen, einzeln in Alufolie einwickeln, die Folienpakete auf dem Backblech in den Backofen schieben

Ober-/Unterhitze	*200–225 °C (vorgeheizt)*
Heißluft	*175–200 °C (nicht vorgeheizt)*
Gas	*Stufe 4–5 (vorgeheizt)*
Garzeit	*40-60 Minuten*

die garen Folienkartoffeln über Kreuz einschneiden, die Einschnitte auseinanderdrücken.

Beilage   Kräuter- und Tomatenquark, Kohlrabi-Radieschen-Salat.

Kartoffelpuffer mit Weizenkleie

800 g Kartoffeln	schälen, waschen, reiben, auf einem Sieb etwas abtropfen lassen
1 mittelgroße Zwiebel	abziehen, ebenfalls reiben, zu den Kartoffeln geben, mit
2 Eiern 1 EL (10 g) Weizenmehl, Type 1050 2–3 EL (10 g) Weizenkleie	verrühren, mit
Meersalz geriebener Muskatnuß	würzen
Kokosfett	in einer Pfanne erhitzen, mit einem Eß-löffel den Kartoffelteig hineingeben, flachdrücken und goldgelb braten, die Kartoffelpuffer auf Haushaltspapier ab-tropfen lassen, das Fett immer wieder erneuern.
Beigabe	Apfelmus, Kompott oder Salat.

Kartoffelpüree, flämisch

....

1 kg Kartoffeln	schälen, waschen, in Stücke schneiden, in
Salzwasser	zum Kochen bringen, in etwa 20 Minuten gar kochen lassen, abgießen, abdämpfen, sofort heiß durch die Kartoffelpresse geben oder mit einem Handrührgerät zerkleinern
300 g Sauerampfer oder Blattspinat	verlesen, gründlich waschen, abtropfen lassen, in
1 EL zerlassener Butter	so lange erhitzen, bis das Gemüse zusammenfällt, auf ein Küchenbrett geben, grob zerkleinern
2 große Zwiebeln	abziehen, in kleine Würfel schneiden
2 EL Butter	zerlassen, die Zwiebeln darin goldgelb dünsten, Kartoffelbrei und Gemüse hinzufügen, gut vermengen

	das Püree mit
Meersalz gemahlenem Pfeffer geriebener Muskatnuß	abschmecken
125 ml (1/8 l) Schlagsahne	kurz erhitzen, unter den Brei rühren, sollte der Brei zu fest sein, noch etwas
warme Schlagsahne oder Milch	hinzufügen.
Beilage	Möhrenrohkost.

Ratatouille

1 Aubergine (etwa 200 g)	waschen, Stielansatz entfernen, Aubergine in Würfel schneiden
1 Gemüsezwiebel (etwa 200 g)	abziehen, in Würfel schneiden
2 grüne Paprika- schoten (400 g)	waschen, halbieren, entstielen, Kerne und weiße Scheidewände entfernen, Schoten in Würfel schneiden
1 EL Olivenöl	erhitzen, das Gemüse darin anbraten, mit
1 EL Paprika- pulver, edelsüß 1 TL Meersalz 1 TL Kräutern der Provence frisch gemahlenem weißen Pfeffer	würzen, etwa 10 Minuten dünsten
2 Zucchini (etwa 200 g)	waschen, Enden abschneiden, Zucchini in Scheiben schneiden
2 große Fleisch- tomaten (etwa 500 g)	kurze Zeit in heißes Wasser legen (nicht kochen lassen), enthäuten, Stengel- ansätze entfernen, Tomaten in Stücke schneiden, mit den Zucchini zum übrigen Gemüse geben, zum Kochen bringen, etwa 10 Minuten garen
250 g Weizen- schrotbrot	in Scheiben schneiden
2 Knoblauchzehen	abziehen, zerdrücken, mit
50 g Parmesankäse 4–6 EL Olivenöl Meersalz	geriebenem zu einer Paste verrühren, auf die Brotscheiben streichen, auf dem Backblech in den Backofen schieben

Ober-/Unterhitze	etwa 220 °C (vorgeheizt)
Heißluft	etwa 220 °C (nicht vorgeheizt)
Gas	Stufe 3–4 (vorgeheizt)
Backzeit	etwa 10 Minuten

Brot in Würfel schneiden, auf die Teller verteilen, das Ratatouille darübergeben.

Panzarotti

(Foto – 6 Portionen)

1 kg mehligkochende Kartoffeln	schälen, waschen, grob zerkleinern, in so viel
Salzwasser	zum Kochen bringen, daß die Kartoffeln bedeckt sind, in 20–25 Minuten gar kochen lassen, die Kartoffeln abgießen, abdämpfen, pürieren, etwas abkühlen lassen
125 g Parmesan- Käse	reiben
2 Salbeiblättchen	vorsichtig abspülen, trockentupfen, und fein hacken, die beiden Zutaten mit der Kartoffelmasse
1 Ei 1 Eigelb 4–5 EL gehackter glatter Petersilie Meersalz	verkneten, mit
gemahlenem Pfeffer	würzen
etwa 80 g Mozza- rella-Käse	in 16 gleich große Stücke schneiden, den Kartoffelteig zu einer Rolle formen, in 16 gleich große Stücke teilen, in jedes Teigstück einen Käsewürfel drücken, das Teigstück zu einem Kloß formen, flachdrücken, in
Vollkornsemmelmehl	wenden
100 g Butter	zerlassen
4 EL Speiseöl	hinzufügen, erhitzen, die Panzarotti von jeder Seite etwa 5 Minuten braten lassen.
Beilage	Bunte Salatplatte.

Kräuterkartoffeln

750–1000 g kleine, festkochende Kartoffeln	waschen, in so viel Wasser zum Kochen bringen, daß die Kartoffeln bedeckt sind, in 20–25 Minuten gar kochen, abgießen, abdämpfen lassen, heiß pellen, die Kartoffeln erkalten lassen
2–3 EL Butter	zerlassen, die Kartoffeln darin von allen Seiten in etwa 10 Minuten braun braten lassen, mit
Meersalz frisch gemahlenem Pfeffer	würzen
1 EL gehackte Thymianblättchen 1 EL gehackte Lavendelblättchen 1 EL gehackte Basilikumblättchen	unterrühren, 2–3 Minuten mitbraten lassen, die Kräuterkartoffeln sofort servieren.

Kartoffel-Knoblauch-Pfanne

(Foto)

500 g sehr kleine, neue Kartoffeln	waschen, die Schale mit einer Bürste abschaben
1 Bund Frühlingszwiebeln	putzen, das dunkle Grün abschneiden, die Zwiebel waschen, längs halbieren
2 EL Pflanzenöl	in einer Pfanne erhitzen, die Kartoffeln hineingeben, von allen Seiten anbraten, die Frühlingszwiebeln,
etwa 10 junge Knoblauchzehen	ungeschält hinzufügen, etwa 5 Minuten mitbraten lassen, mit
Meersalz frisch gemahlenem Pfeffer gehackten Thymianblättchen	bestreuen
etwas Wasser	hinzugießen, die Kartoffel-Knoblauch-Pfanne in 10–15 Minuten gar dünsten lassen.
Beilage	Salatteller.

Keimlinge & Hülsenfrüchte

Kommen wir zum Kern der (vegetarischen) Sache, zu Korn und Co., zu Keimlingen und Hülsenfrüchten, den wohl wichtigsten pflanzlichen Eiweißlieferanten. Zu Unrecht galten Bohne, Erbse und Linse früher als üble, weil hartgesottene Burschen, die man erst einmal weichkochen mußte, ehe sie überhaupt genießbar wurden. Solche Aussagen stammen noch aus Zeiten, in denen Hülsenfrüchte nur in getrockneter Form verarbeitet wurden. Heute greift man lieber auf frische Ware zurück und nutzt mit Begeisterung die immense Wandlungsfähigkeit aller keimenden Samenkörner, egal ob es sich dabei um Hülsenfrüchte, Getreide oder Kräutersaaten handelt. Denn beim Keimen reichert sich das Korn mit Vitaminen und Enzymen an, und Energie wird für den Wachstumsvorgang verbraucht.
Dadurch wird der Keimling zur Idealbesetzung auf jedem modernen Speiseplan.

Kichererbsencurry

(Foto Seite 72/73)

30 g Ingwerwurzel	schälen, fein würfeln, mit
2 EL Sesamsamen	
1 TL gemahlenem Koriander	vermischen
30 g Butter	zerlassen, die Gewürzmischung darin anbraten
2 Bund Frühlingszwiebeln	putzen, waschen, Zwiebelknollen vom Grün trennen, Grün in Streifen schneiden
250 g Möhren	putzen, schälen, waschen, in kleine Würfel schneiden
1 Knoblauchzehe	abziehen, durch eine Presse drücken, mit den Möhren, Zwiebelknollen zu den Gewürzen geben, etwa 5 Minuten dünsten
250 g Tomaten	kurze Zeit in kochendes Wasser legen (nicht kochen lassen), in kaltem Wasser abschrecken, die Stengelansätze entfernen, Tomaten in Viertel schneiden, mit dem Grün der Zwiebeln,
2 Tassen (je 250 ml) Kichererbsenkeimen	
250 g Joghurt	
1 ½ TL Kreuzkümmel	in den Gemüsetopf geben, zum Kochen bringen, etwa 15 Minuten kochen lassen
1 feste Mango	schälen, Fruchtfleisch vom Kern schneiden, in nicht zu kleine Stücke schneiden, mit
½ TL Cayennepfeffer	
½ TL gemahlenem Zimt	zum Curry geben, 5 Minuten mitdünsten lassen.
Beilage	Gekochter, ungeschälter Reis.

Löffelerbsen

(Foto)

375 g gelbe Erbsen (ungeschält)	waschen, 12–24 Stunden in
2 l Wasser	einweichen, in dem Einweichwasser zum Kochen bringen
1 TL gerebelten Majoran	
1 Lorbeerblatt	hinzufügen, zugedeckt 45–60 Minuten kochen lassen
2 mittelgroße Zwiebeln	abziehen
3 Möhren	putzen, schälen, waschen
3 Kartoffeln	schälen, waschen
1 Stange Porree	putzen, längs halbieren, gründlich waschen das Gemüse in etwa 2 cm große Würfel oder in dünne Streifen schneiden
1 EL Butter	zerlassen, das Gemüse etwa 5 Minuten darin andünsten, mit
Meersalz	würzen, etwa 30 Minuten vor Beendigung der Garzeit das gedünstete Gemüse zu den Erbsen geben, mitkochen lassen die Löffelerbsen (Lorbeerblatt entfernen) mit Salz abschmecken, mit
1 EL gehackter glatter Petersilie	bestreuen, servieren.

Kichererbsenpüree

200 g Kichererbsen	in
Wasser	über Nacht einweichen, in frischem Wasser mit
Meersalz	etwa 70 Minuten kochen, die Kichererbsen auf ein Sieb geben, das Kochwasser auffangen die Kichererbsen mit 125 ml ($\frac{1}{8}$ l) Kochwasser durch ein Sieb streichen oder mit dem Schnellmixstab des Handrührgerätes pürieren, das Kichererbsenpüree in einen Topf geben
1 EL Zitronensaft	unterrühren
1 Knoblauchzehe	abziehen, durch eine Knoblauchpresse in das Püree drücken
1 EL Olivenöl	
2 EL Crème fraîche	unterrühren, evtl. noch etwas von dem Kochwasser hinzugeben, um das Püree geschmeidiger zu machen, mit
gemahlenem Kümmel schwarzem Pfeffer Meersalz	würzen, das Püree unter ständigem Rühren erhitzen.

Marinierte Bohnen

(Foto)

200 g rote und weiße Bohnen	waschen, mit Wasser bedecken, über Nacht mit
1 Thymianzweig	einweichen, Bohnen mit dem Einweichwasser
500 ml (½ l) Gemüsebrühe	in einen Topf geben
1 Zwiebel	abziehen, mit
2 Nelken	spicken
2 Knoblauchzehen	abziehen, mit
1 Lorbeerblatt	zu den Bohnen geben, die Bohnen 90 Minuten kochen, die Bohnen durch ein Sieb gießen, die Gewürze entfernen.

<u>Für die Marinade</u>

1 Zwiebel	abziehen, würfeln, mit
Meersalz	bestreuen, 10 Minuten ziehen lassen
2 Knoblauchzehen	abziehen, zerdrücken, zu der Zwiebel geben, mit
½–1 TL Senf gemahlenem Pfeffer	
½ TL gerebeltem Oregano	
4 EL Rotweinessig	
5 EL Olivenöl	
1 Bund feingehackter glatter Petersilie	vermengen, die Marinade unter die Bohnen mischen, einige Stunden durchziehen lassen.

Bohnenpüree mit Tomatencreme

400 g große Weiße Bohnen	in
Wasser	über Nacht einweichen, im Einweichwasser mit
Meersalz	zum Kochen bringen, etwa 70 Minuten kochen, auf ein Sieb geben, abtropfen lassen, die Kochflüssigkeit auffangen die Bohnen mit 125 ml (⅛ l) Kochflüssigkeit mit dem Schnellmixstab des Handrührgerätes pürieren
2 Knoblauchzehen	abziehen, durch die Knoblauchpresse drücken, in das Püree geben
4 EL Schlagsahne	
1 EL Maiskeimöl	hinzufügen, mit Meersalz
Pfeffer	würzen, das Bohnenpüree locker aufschlagen, evtl. noch Brühe zugeben.

(Fortsetzung Seite 78)

Für die Tomatencreme

5 Schalotten	abziehen, fein würfeln
1 EL Butter	zerlassen, die Schalottenwürfeln darin glasig dünsten
2 EL Tomatenmark 1 EL Weizen- vollkornmehl	dazugeben, gut verrühren
500 ml (½ l) Gemüsebrühe	hinzugießen, mit einem Schneebesen durchschlagen, darauf achten, daß keine Klumpen entstehen
125 ml (⅛ l) Schlagsahne	einrühren, mit
schwarzem Pfeffer 1 EL gehackter Zitronenmelisse 1 EL feingeschnitte- nem Schnittlauch	würzen, zum Schluß
2 EL Crème fraîche	unter die Tomatencreme ziehen, zum Bohnenpüree servieren.

Pikanter Körnerschmarren

(6 Portionen – Foto)

1 Bund Frühlings- zwiebeln	putzen, waschen, in Ringe schneiden *(Foto 1)*
1 Fenchelknolle	putzen, waschen, in kleine Würfel schneiden
je 1 Tasse (250 ml) Weizenkeimlinge und Hirsekeimlinge	in ein Sieb geben, unter fließendem kaltem Wasser abspülen *(Foto 2)*
350 g Magerquark	mit
200 g Weizen- vollkornmehl 250 ml (¼ l) Wasser 1 geh. TL Meersalz gemahlenem Pfeffer geriebener Muskatnuß	verrühren, mit dem Gemüse,
50 g Sonnen- blumenkernen	vermengen, Gemüse und Keimlinge unterrühren, die Hälfte von
etwa 50 g Butter	in einer großen Pfanne erhitzen, die Hälfte der Masse hineingeben, etwa 5 Minuten darin backen lassen, bis sich unten eine Kruste gebildet hat, wenden, die andere Seite ebenfalls knusprig bak- ken, in mehrere Stücke zerteilen *(Foto 3)*, diese unter Wenden weitere 2 Minuten bräunen lassen, mit der Hälfte von
100 g geriebenem Emmentaler-Käse	bestreut servieren, mit der restlichen Masse ebenso verfahren.

Aufläufe & Gratins

Zweifellos, wer auf Fleisch und Fisch verzichtet, verliert eine wichtige Eiweißquelle. Doch das ist kein Problem, so lange tierisches Eiweiß durch hochwertige Verbindungen anderer, pflanzlicher Proteinspender ersetzt wird. Wichtig dabei: Die richtige Mischung macht's! Wer Milcheiweiß und/oder Ei mit Getreide und Gemüse zusammenbringt, der muß sich um seine Gesundheit keine Sorgen machen. Und um seinen Gaumen auch nicht! Denn all die Aufläufe, Gratins, Soufflés und Pasteten, die da ins kulinarische Spiel kommen, sorgen für abwechslungsreiche, saisongerechte und damit vor allem preiswerte Gerichte. Probieren Sie es mal.

Drei-Korn-Soufflé

(Foto Seite 80/81)

40 g Drei-Korn-Grütze (Hafer, Weizen, Buchweizen) in	
100 ml Wasser	etwa 2 Stunden einweichen, abtropfen lassen, mit
40 g gehackten Walnußkernen	vermengen
1 EL Butter	zerlassen, die Mischung darin etwa 5 Minuten rösten
50 g Drei-Korn-Mehl	mit
50 g Butter	verkneten, eine 2 cm dicke Rolle daraus formen, in kleine Stücke schneiden
250 ml (¼ l) Milch	zum Kochen bringen, nach und nach die Mehl-Butter zugeben, bis ein Brei entstanden ist, etwas abkühlen lassen, mit der Nuß-Mischung,
4 Eigelb 6 EL frisch geriebenem Parmesankäse	verrühren, mit
½ TL Meersalz 1 TL gerebeltem Basilikum weißem Pfeffer gerebeltem Thymian Muskatnuß Sojasauce	würzen
4 Eiweiß	steifschlagen, unter die Masse ziehen, in eine gefettete hohe Auflaufform geben, auf dem Rost in den Backofen schieben

Ober-/Unterhitze	*etwa 200 °C (vorgeheizt)*
Heißluft	*etwa 180 °C (nicht vorgeheizt)*
Gas	*Stufe 2–3 (vorgeheizt)*
Backzeit	*35–40 Minuten.*

Möhren-Kartoffel-Gratin

400 g Kartoffeln	waschen, in Wasser zum Kochen bringen, gar kochen lassen, abgießen, pellen
400 g Möhren	putzen, schälen, waschen, in Wasser zum Kochen bringen, gar kochen lassen, abgießen, beide Zutaten mit dem Rillenmesser in Scheiben schneiden eine flache Auflaufform mit
Butter	ausfetten

Möhren- und Kartoffelscheiben abwechselnd in die Auflaufform schichten, aus

1 Becher (150 g) saurer Sahne	
75 ml Milch	
100 g vegetarischer Pastete	
50 g geriebenem Käse	
Meersalz Muskatnuß körniger Hefewürze 1 Bund gehackter Petersilie	eine Sauce zubereiten, über das Kartoffel-Möhren-Gemisch geben, die Auflaufform auf dem Rost in den Backofen schieben

Ober-/Unterhitze	*200-225 °C (vorgeheizt)*
Heißluft	*180-200 °C (nicht vorgeheizt)*
Gas	*Stufe 3–4 (vorgeheizt)*
Backzeit	*15–20 Minuten.*

Chinakohl-Gratin

(Foto)

750 g Chinakohl kochendes Salzwasser	putzen, den Kohl vierteln, waschen, in geben, etwa 6 Minuten kochen, abtropfen lassen, in eine gefettete flache Auflaufform legen
250 g Creme-Champignons	putzen, waschen, in Scheiben schneiden, auf den Kohl geben, mit
Meersalz gemahlenem Pfeffer	bestreuen
1 Becher (150 g) Crème fraîche	mit
1 Becher (150 g) Vollmilch-Joghurt	verrühren
2 Eier	unterschlagen, mit Salz, Pfeffer,
Muskatnuß Currypulver	abschmecken, über die Champignonscheiben geben, mit
100 g geriebenem mittelaltem Gouda	bestreuen, die Form auf dem Rost in den Backofen schieben

Ober-/Unterhitze	*200–225 °C (vorgeheizt)*
Heißluft	*180–200 °C (vorgeheizt)*
Gas	*Stufe 4–5 (vorgeheizt)*
Backzeit	*etwa 30 Minuten.*

Kartoffel-Zucchini-Gratin

(Foto)

250 g gekochte Pellkartoffeln	pellen, in Scheiben schneiden
250 g Zucchini	waschen, die Enden abschneiden, die Zucchini in Scheiben schneiden Kartoffel- und Zucchinischeiben schuppenartig in eine gefettete flache Auflaufform schichten
2 Knoblauchzehen	abziehen, durch die Knoblauchpresse geben, mit
250 ml (¼ l) Schlagsahne	verrühren, mit
Meersalz schwarzem Pfeffer	würzen
gehackte Estragon-blättchen	unterrühren, über das Gemüse gießen
50 g geriebenen Emmentaler Käse	darüber streuen
Butter	in Flöckchen darauf setzen die Form auf dem Rost in den Backofen schieben

Ober-/Unterhitze	*etwa 220 °C (vorgeheizt)*
Heißluft	*etwa 200 °C (nicht vorgeheizt)*
Gas	*etwa Stufe 4 (vorgeheizt)*
Backzeit	*20–25 Minuten.*

Spinat-Quark-Soufflé

500 g Spinat	sorgfältig verlesen, gründlich waschen, tropfnaß in einen Kochtopf geben, zu-gedeckt dünsten lassen, bis die Blätter zusammenfallen, abtropfen lassen
1 Knoblauchzehe	abziehen, durch die Presse drücken, mit
200 g Speisequark (20% Fett) 3 Eigelb	verrühren, den abgetropften Spinat unterheben, mit
Salz, Pfeffer	würzen
3 Eiweiß	steif schlagen, unter die Quark-Spinat-Masse heben, in feuerfeste, gut ausge-fettete Portionsförmchen füllen
2 EL Sesamsamen	darüber streuen, die Förmchen auf dem Rost in den Backofen schieben

Ober-/Unterhitze	*etwa 200 °C (vorgeheizt)*
Heißluft	*etwa 180 °C (nicht vorgeheizt)*
Gas	*etwa Stufe 4 (vorgeheizt)*
Backzeit	*etwa 30 Minuten.*

Kürbisauflauf
mit Schafskäse
....

750 g Kürbisfleisch	schälen, die Kerne auskratzen
500 g Kartoffeln	schälen, waschen, beide Zutaten in Scheiben schneiden, mit etwas
Salz	
frisch gemahlenem	
Pfeffer	würzen, zugedeckt stehen lassen
1 Knoblauchzehe	abziehen, zerdrücken
2 Zwiebeln	abziehen, würfeln, in
Sonnenblumenöl	goldgelb dünsten
	Kürbis- und Kartoffelscheiben in
Weizenmehl	wenden
Sonnenblumenöl	erhitzen, die beiden Zutaten portionsweise darin schnell von beiden Seiten braun anbraten
400 g Schafskäse	grob zerkrümeln, eine gefettete Auflaufform mit der Hälfte der Kartoffel- und Kürbisscheiben auslegen, mit der Zwiebel-Knoblauch-Masse bedecken, die Hälfte des Käses darüber verteilen, mit den restlichen Kartoffeln und Kürbis bedecken, den restlichen Käse darüber streuen

2 Eier	mit
125 ml (⅛ l)	
Schlagsahne	verschlagen, mit Salz, Pfeffer,
geriebener	
Muskatnuß	würzen
1 Bund glatte	
Petersilie	abspülen, trockentupfen, fein hacken, unterrühren, die Masse über den Auflauf gießen, die Form auf dem Rost in den Backofen schieben

Ober-/Unterhitze	*etwa 220 °C (vorgeheizt)*
Heißluft	*etwa 200 °C (nicht vorgeheizt)*
Gas	*etwa Stufe 5 (vorgeheizt)*
Backzeit	*etwa 40 Minuten.*

Schichtkürbis
mit Gerstenkeimlingen

2 Tassen (je 250 ml)
Gerstenkeimlinge in
1 TL Butter unter Rühren etwa 4 Minuten rösten, abkühlen lassen
1 kg Markkürbis schälen, Fasern und Keime aus dem Inneren heben, Kürbisfleisch würfelig schneiden, in
125 ml (⅛ l) Gemüsebrühe mit
Meersalz
1 TL grünen Pfefferkörnern
1 TL gerebeltem Majoran etwa 10 Minuten dünsten, aus dem Sud nehmen, diesen mit
100 g Crème fraîche
Sojasauce vermischen

150 g Camembert entrinden, in kleine Würfel schneiden, unterrühren, Kürbis mit Keimlingen und Käsecreme im Wechsel in eine gefettete Auflaufform schichten, die letzte Schicht sollte aus Keimen bestehen, mit
40 g Camembert-würfeln belegen, auf dem Rost auf die mittlere Schiene des Backofens schieben

Ober-/Unterhitze etwa 200 °C (vorgeheizt)
Heißluft etwa 180 °C (nicht vorgeheizt)
Gas etwa Stufe 3 (vorgeheizt)
Backzeit etwa 30 Minuten.

Omas Hirseauflauf

150 g Hirse	waschen, abtropfen lassen *(Foto 1)*
¾ l (750 ml) Milch	mit dem
Mark von ½ Vanilleschote	
Meersalz	zum Kochen bringen, die Hirse unter Rühren einstreuen *(Foto 2)*, zum Kochen bringen, in 15–20 Minuten ausquellen lassen (während des Quellens ab und zu umrühren), die Hirse abkühlen lassen
100 g Butter	schaumig rühren, nach und nach
75 g Honig	
3 Eigelb	
abgeriebene Schale von 1 Zitrone (ungespritzt)	hinzufügen, die Hirse portionsweise unterrühren *(Foto 3)*
50 g abgezogene, gemahlene Mandeln	hinzufügen
3 Eiweiß	steif schlagen, unterheben *(Foto 4)*, die Masse in eine mit
Butter	gefettete Auflaufform füllen, mit
1 gehäuften EL abgezogenen, gehobelten Mandeln	bestreuen
Butter	in Flöckchen darauf setzen, die Form auf dem Rost in den Backofen schieben

Ober-/Unterhitze	175–200 °C (vorgeheizt)
Heißluft	160–180 °C (nicht vorgeheizt)
Gas	Stufe 3–4 (vorgeheizt)
Backzeit	etwa 45 Minuten.
Beigabe	Säuerliches Kompott, z. B. Stachelbeeren, Rhabarber, Sauerkirschen.

Selleriesoufflé mit Linsenkeimlingen

250 g Knollen-sellerie	waschen, schälen, in Würfel schneiden
250 g mehlig-kochende Kartoffeln	waschen, schälen, in Würfel schneiden in einen Topf etwa 3 cm hoch Wasser füllen, Siebeinsatz darüberhängen, Kartoffeln, Sellerie hineingeben, Wasser zum Kochen bringen, Topf fest verschließen, Gemüse im Dampf etwa 40 Minuten garen, Gemüse durch die Kartoffelpresse drücken, Pürree in einem Sieb etwas abtropfen lassen, mit
150 g geriebenem Emmentaler-Käse 1 Becher (150 g) saurer Sahne 2 Eiern	verrühren
3 Frühlingszwiebeln	putzen, waschen, in feine Ringe schneiden
1 Knoblauchzehe	abziehen, fein hacken Knoblauch, Zwiebeln mit
2 Tassen (je 250 ml) Linsenkeimlinge Meersalz frisch gemahlenem Pfeffer	unter die Masse ziehen, mit würzen
2 Eiweiß	steif schlagen, unter den Teig ziehen, in eine gefettete Auflaufform füllen, mit
4 EL geriebenen Haselnußkernen	bestreuen, auf dem Rost auf der mittleren Schiene in den Backofen schieben

Ober-/Unterhitze	etwa 200 °C (vorgeheizt)
Heißluft	etwa 180 °C (nicht vorgeheizt)
Gas	etwa Stufe 2–3 (vorgeheizt)
Backzeit	etwa 40 Minuten

Soufflé sofort servieren.

Erbsengratin

2 Packungen (600 g) tiefgekühlte Erbsen	unaufgetaut in eine feuerfeste Schüssel geben
250 g gekochte Pellkartoffeln	abpellen, in kleine Würfel schneiden, mit
1 EL gehackter Petersilie	
1 EL gehackter Minze	
Meersalz	würzen, alle Zutaten mischen
2 Schalotten	abziehen, fein würfeln
40 g Butter	zerlassen, die Schalotten darin glasig dünsten
30 g Weizenvollkornmehl	zugeben, unter Rühren so lange erhitzen, bis es hellbraun ist
250 ml (¼ l) Gemüsebrühe	
250 ml (¼ l) Milch	hinzugießen, mit einem Schneebesen durchschlagen, darauf achten, daß keine Klumpen entstehen, die Sauce zum Kochen bringen, etwa 8 Minuten kochen lassen, mit Meersalz,
geriebener Muskatnuß	würzen, die Sauce über Erbsen und Kartoffeln gießen
50 g frisch geriebenen Emmentaler-Käse	darüberstreuen die Schüssel auf dem Rost in den Backofen schieben

Ober-/Unterhitze	*200–225 °C (vorgeheizt)*
Heißluft	*180–200 °C (nicht vorgeheizt)*
Gas	*Stufe 3–4 (vorgeheizt)*
Backzeit	*etwa 20 Minuten.*

Gemüselasagne

	(Foto)
250 g Lasagneblätter 2½ l kochendes Salzwasser	portionsweise in geben, nach Packungsaufschrift garen, in kaltes Wasser legen
2 Zwiebeln	abziehen, fein würfeln
300 g Porree	putzen, in zentimeterbreite Streifen schneiden
250 g Möhren	putzen, schälen, waschen
200 g Sellerie	waschen, schälen Möhren und Sellerie in Würfel schneiden
60 g Butter	in einer großen Pfanne erhitzen, Zwiebelwürfel darin glasig dünsten, Porree, Möhren, Sellerie,
3—4 EL Salzwasser	hinzufügen, 10 Minuten dünsten
1 kleine Dose Mais (230 g Einwaage)	auf ein Sieb geben, abtropfen lassen, zum Gemüse geben, mit
Salz frisch gemahlenem Pfeffer	
Paprika, edelsüß	würzen
2 Becher (je 150 g) saure Sahne	mit
3 Eiern	verquirlen, mit Salz, Pfeffer würzen
1 Bund Petersilie	abspülen, trockentupfen, die Blättchen von den Stengeln zupfen, fein hacken
200 g Pikantje von Gouda	fein reiben abwechselnd abgetropfte Lasagneblätter, Gemüse, Käse, Eiermischung, Lasagneblätter, Gemüse usw. in eine gefettete Auflaufform schichten die oberste Schicht sollte Käse sein, die Form in den Backofen schieben

Ober-/Unterhitze	*etwa 200 °C (vorgeheizt)*
Heißluft	*etwa 180 °C (nicht vorgeheizt)*
Gas	*etwa Stufe 4 (vorgeheizt)*
Backzeit	*etwa 35 Minuten*

die Gemüselasagne 15 Minuten im Backofen nachziehen lassen, dann erst anschneiden.

Getreidegerichte & pikantes Gebäck

Seit Menschengedenken zählt Getreide zu den weltweit wichtigsten Nahrungsmitteln. Es ist nicht nur reich an Kohlenhydraten, wertvollem Protein, ungesättigten Fettsäuren und Ballaststoffen, sondern liefert auch die lebenswichtigen B-Vitamine. Nicht umsonst erkor der asiatische Kontinent vor mehr als 5 000 Jahren Reis zu seiner Hauptnahrungsquelle. Roggen, Weizen, Hafer, Gerste, Hirse und Dinkel sind in Europa seit alters her Grundlage für die unterschiedlichsten Speisen. Wie heißt es doch? „Unser täglich Brot gib uns heute" – und darüber hinaus eine Vielzahl pikanter Gerichte. Wie wäre es also mit florentinischem Schichtkuchen oder einer grünen Riesenpizza, mit Tomaten-Oliven-Törtchen oder Zitronencouscous.

Hirseflan mit Zucchini

(Foto Seite 94/95)

75 g Hirse	in
250 ml (¼ l) kochendes Wasser	streuen, aufkochen und bei geringer Hitze 20 Minuten ausquellen und abkühlen lassen
1 kleine Zwiebel	abziehen, fein würfeln
1 EL Butter	zerlassen, die Zwiebelwürfel darin andünsten
300 g Zucchini	waschen, fein raspeln, zu der Zwiebel geben, kurz dünsten, ein Drittel davon zu der Hirse geben, den Rest weiterdünsten
1 Ei 1 Eigelb 2 EL Magerquark gemahlenen weißen Pfeffer 1 TL Meersalz geriebene Muskatnuß	zu der Hirsemasse geben, gut mischen
1 EL Butter	zerlassen, vier Timbale- oder Souffléförmchen damit auspinseln, die Hirsemasse einfüllen, die Förmchen in ein heißes Wasserbad stellen, in den Backofen schieben

Ober-/Unterhitze	etwa 200 °C (vorgeheizt)
Heißluft	etwa 180 °C (nicht vorgeheizt)
Gas	etwa Stufe 3 (vorgeheizt)
Backzeit	etwa 35 Minuten

	die restlichen Zucchiniraspel mit
125 ml (⅛ l) Schlagsahne	im Mixer pürieren, mit
Meersalz gemahlenem Pfeffer	abschmecken, die Sauce um den gestürzten Hirseflan gießen.

Gefüllter Kornkranz in der Mangoldhülle

500 ml (½ l) Gemüsebrühe	zum Kochen bringen, mit
200 g Buchweizengrütze	verrühren, bei schwacher Hitze in etwa 30 Minuten ausquellen lassen, mit
125 ml (⅛ l) Buttermilch	verrühren
1 EL Maiskeimöl	erhitzen
1 Tasse (250 ml) Hirsekeime 1 Tasse (250 ml) Weizenkeime	darin etwa 10 Minuten rösten, mit der Grütze verrühren
1 Knoblauchzehe	abziehen, zerdrücken, unterrühren, mit
Salz, Pfeffer geriebener Muskatnuß	abschmecken
etwa 1300 g Mangold	putzen, waschen, die breiten Stiele aus den Blättern herausschneiden, Stiele aufbewahren
400 g Magerquark	mit
200 g geriebenem Emmentaler Käse 2 EL gehackter Petersilie	verrühren
	eine Ringform mit
Maiskeimöl	ausfetten, Mangoldblätter dicht an dicht nebeneinander in die Form schichten, so daß die Blattspitzen nach innen, der Blattgrund nach außen überstehen, etwa ⅔ Getreidebrei einfüllen, mit einem nassen Löffel den Brei an den Wänden heraufstreichen, die Käsecreme einfüllen, mit dem restlichen Brei abdecken, Blätter darüber zusammenschlagen, fest andrücken, mit Alufolie bedecken, auf dem Rost in den Backofen schieben

Ober-/Unterhitze	etwa 200 °C (vorgeheizt)
Heißluft	etwa 180 °C (nicht vorgeheizt)
Gas	Stufe 2–3 (vorgeheizt)
Backzeit	etwa 60 Minuten

	den Kranz stürzen Mangoldstiele zerkleinern
1 Zwiebel	abziehen, würfeln
1 EL Butter	zerlassen, Zwiebel darin anbraten, Stiele zugeben
125 ml (⅛ l) Buttermilch	hinzugießen, mit
Sojasauce gemahlenem Pfeffer	würzen, etwa 20 Minuten dünsten Gemüse in den Kranz geben.

Florentinischer Schichtkuchen

<u>Für den Teig</u>

300 g Weizen-vollkornmehl	mit
6 EL Olivenöl	
1 TL Meersalz	
1 TL Zitronensaft	
250 ml (¹⁄₄ l) Wasser	zu einem festen, doch knetbaren Stru-delteig verarbeiten, dabei das Wasser nach und nach hinzufügen, mit
Olivenöl	bestreichen, etwa 1 Stunde zugedeckt an einem warmen Ort gehen lassen Teig in sechs Portionen teilen, jede Por-tion auf einem bemehlten Küchentuch zu einem Kreis von etwa 25 cm Durch-messer ausrollen, die einzelnen Platten in Frischhaltefolien verpacken *(Foto 1)*, damit sie nicht trocken werden.

<u>Für die Füllung</u>

2 kg Blattspinat	putzen, waschen
1 EL Olivenöl	erhitzen, Spinat darin unter Rühren trockendünsten
1 Knoblauchzehe	abziehen, fein hacken, unterrühren, mit
Salz, Pfeffer	abschmecken
100 g Parmesan-Käse	fein raspeln
500 g Tomaten	waschen, in dünne Scheiben schneiden
50 g Pinienkerne	hacken eine Teigplatte auf einen Springformboden legen, mit etwas von
50 ml Olivenöl	bestreichen, mit ¹⁄₅ Parmesan und Pinienkernen bestreuen, Spinat darauf geben, mit Tomatenscheiben belegen *(Foto 2)*, die zweite Teigplatte mit Olivenöl bestreichen, mit der geölten Seite auf die Tomaten legen, auf dem Rost in den Backofen schieben

Ober-/Unterhitze	*etwa 250 °C (vorgeheizt)*
Heißluft	*etwa 220 °C (nicht vorgeheizt)*
Gas	*etwa Stufe 5 (vorgeheizt)*
Backzeit	*etwa 10 Minuten*

Kuchen herausnehmen, mit Olivenöl bestreichen und belegen wie zuvor, mit einer dritten Teigplatte abschließen, wieder backen, so bis zur letzten Platte fortfahren, mit

4 EL geriebenem Parmesan-Käse	
3 EL ganzen Pinienkernen	bestreuen *(Foto 3)*, backen wie oben angegeben, heiß servieren.

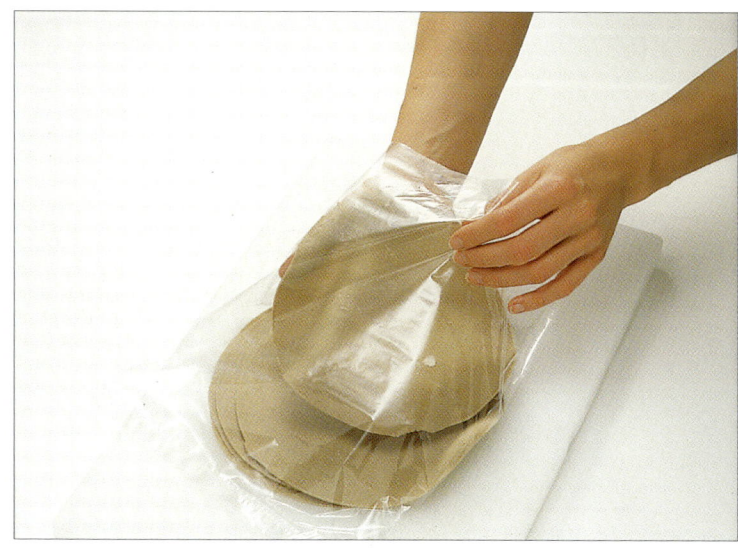

Spaghetti mit Frischkäse und Tomatengemüse

400 g Tomaten	kurze Zeit in kochendes Wasser legen, nicht kochen lassen, in kaltem Wasser abschrecken, enthäuten, die Stengelansätze herausschneiden, die Tomaten in Stücke schneiden
2 Schalotten	abziehen, fein schneiden
3 EL Olivenöl	erhitzen, die Schalottenwürfel hinzugeben, glasig dünsten, die Tomatenwürfel dazugeben, kurz andünsten, mit
Salz, Pfeffer gerebeltem Majoran	würzen, gut die Hälfte der Tomaten-Zwiebel-Masse zur Seite stellen, warmhalten
125 ml (⅛ l) Gemüsebrühe	zu den restlichen Tomaten geben, einkochen lassen, bis die Sauce leicht cremig ist
2 Becher (300 g) Frischkäse mit Kräutern	unter die Sauce geben,

2 EL Weißwein	2 Minuten kochen lassen, mit abschmecken, in der Zwischenzeit
400 g Spaghetti Salzwasser	in in 8–10 Minuten bißfest garen, auf ein Sieb geben, von
1 Topf Basilikum	die Basilikumzweige abschneiden, abspülen, trockentupfen, die Blätter von den Stengeln zupfen, kleinschneiden, mit der übriggebliebenen Zwiebel-Tomaten-Masse mischen, über die Spaghetti geben, von
50 g Parmesan am Stück	mit einem Hobel den Käse abhobeln die Spaghetti als Nudelnester auf die Teller setzen, mit den Tomatenstückchen, Basilikumblättchen und den Parmesanspänen servieren.

Ravioli mit Frischkäse-Spinat-Füllung

....

Für den Nudelteig

250 g Weizenmehl	in eine Rührschüsel sieben, in die Mitte eine Vertiefung drücken
1 Ei	mit
2 Eigelb	
2 EL Speiseöl	
½ TL Salz	
3–4 EL Wasser	verschlagen, in die Vertiefung geben, mit einem Handrührgerät mit Knethaken zu einem glatten Teig verkneten sollte der Teig kleben, noch
etwas Weizenmehl	hinzugeben, den Teig mit etwas Weizenmehl bestäuben, in Frischhaltefolie wickeln, etwa 1 Stunde ruhen lassen.

Für die Füllung

500 g Spinat	verlesen, waschen, abtropfen lassen
40 g Butter	zerlassen, den Spinat hinzufügen, mit
Salz, Pfeffer	

Muskatnuß	würzen, Spinat in etwa 4 Minuten gar dünsten, abtropfen lassen, mit
200 g Rahm-frischkäse	
50 g gerösteten Sesamsamen	vermischen, mit Salz,
Cayennepfeffer	abschmecken, abkühlen lassen, den Teig zu Bahnen von 15 cm Breite ausrollen und in je einer Handbreite Abstand 1 Eßlöffel Füllung setzen, eine Längskante des Teiges mit Wasser bestreichen, die andere Seite darüberschlagen, rings um die Füllung fest andrücken, mit einem Teigrädchen Halbmonde ausschneiden, mit einer Gabel einmal einstechen, die Ravioli in
kochendes Salzwasser	geben, leise kochend in 6–8 Minuten gar ziehen lassen.
Beigabe	Fruchtige Tomatensauce.

Pilz-Pioshki

(24 Stück)

<u>Für den Teig</u>

250 g Weizen-vollkornmehl	mit
125 ml (¹/₈ l) saurer Sahne	
1 Ei	
1 EL Butter	
¹/₂ TL Meersalz	zu einem festen Teig verkneten, in Frischhaltefolie wickeln, über Nacht im Kühlschrank ruhen lassen.

<u>Für die Füllung</u>

1 Zwiebel	abziehen, fein würfeln
100 g Sauerkraut	kleinschneiden
500 g Champignons	putzen, waschen, durch die grobe Scheibe des Fleischwolfs drehen
20 g Butter	zerlassen, Zwiebel darin andünsten, Sauerkraut, Pilze dazugeben, mit
¹/₂ TL Meersalz frisch gemahlenem Pfeffer geriebener Muskatnuß Paprika, edelsüß	würzen, unter Rühren etwa 10 Minuten dünsten, zuletzt die Flüssigkeit einkochen lassen, mit
2 EL gehackter Petersilie 2 EL saurer Sahne	verrühren

Teig so dünn wie möglich ausrollen, Kreise von etwa 10 cm Durchmesser ausschneiden, die Füllung jeweils in die Mitte geben, Ränder anfeuchten, Kreise zu Halbmonden zusammenklappen, Ränder zusammendrücken, Halbmonde auf ein gefettetes Backblech legen, in den Backofen schieben

Ober-/Unterhitze	*etwa 220 °C (vorgeheizt)*
Heißluft	*etwa 200 °C (nicht vorgeheizt)*
Gas	*Stufe 3–4 (vorgeheizt)*
Backzeit	*etwa 15 Minuten*

	heiß mit
Gemüsebrühe oder saurer Sahne	servieren.

Gemüsequiche

(Titelfoto)

Für den Teig

200 g Weizenmehl	in eine Rührschüssel sieben
1 gestr. TL Salz	
1 Ei	
100 g weiche Butter	hinzufügen, die Zutaten mit einem Handrührgerät mit Knethaken zunächst kurz auf niedrigster, dann auf höchster Stufe gut durcharbeiten, anschließend auf der Tischplatte zu einem glatten Teig verkneten, den Teig kalt stellen.

Für den Belag

1 Zucchini	putzen, waschen, in Scheiben schneiden
1 Stange Lauch	putzen, in 1 cm breite Streifen schneiden, waschen
200 g Champignons	putzen, waschen
	das Gemüse nacheinander in
kochendes Salzwasser	geben, einmal aufkochen lassen, Champignons 2–3 Minuten kochen lassen
300 g tiefgekühlten Broccoli	3–5 Minuten kochen lassen, das Gemüse auf ein Sieb geben, mit kaltem Wasser übergießen, abtropfen lassen
4 kleine Tomaten	kurze Zeit in kochendes Wasser geben, in kaltem Wasser abschrecken, enthäuten, die Stengelansätze herausschneiden, das Gemüse erkalten lassen, den Teig ausrollen, eine Pieform (Durchmesser etwa 26 cm) auslegen, mehrmals mit einer Gabel einstechen, die Form auf dem Rost in den Backofen schieben

Ober-/Unterhitze	200–225 °C (vorgeheizt)
Heißluft	180–200 °C (nicht vorgeheizt)
Gas	Stufe 4–5 (vorgeheizt)
Backzeit	10–15 Minuten

	das Gemüse auf dem vorgebackenen Boden verteilen, mit
Salz, Pfeffer	bestreuen
200 g Gouda-Käse	in Würfel schneiden, darübergeben
1 Becher (150 g) Crème fraîche	mit
2 Eiern	
1 TL scharfem Senf	
Kräutern	verrühren, mit Salz,
Muskatnuß	abschmecken, über den Belag gießen, wieder in den Backofen schieben

Ober-/Unterhitze	180–200 °C (vorgeheizt)
Heißluft	160–180 °C (nicht vorgeheizt)
Gas	Stufe 3–4 (vorgeheizt)
Backzeit	etwa 45 Minuten.

Grüne Riesenpizza

(Foto)

Für den Teig

150 g trockenen Magerquark	mit
6 EL Olivenöl	
1 Ei	
1 TL gerebeltem Oregano	
200 g Weizenvollkornmehl	
50 g Maismehl	
Meersalz	
1 EL Wasser	zu einem geschmeidigen, formbaren Teig verkneten.

Für den Belag

300 g Broccoli	putzen, unter fließendem kaltem Wasser abspülen, abtropfen lassen
reichlich Wasser	in einem Topf zum Kochen bringen, den Broccoli darin etwa 2 Minuten blanchieren, mit einem Schaumlöffel herausheben, abtropfen lassen
200 g Zuckererbsen	waschen, abtropfen lassen, die Enden abzwicken, dabei evtl. vorhandene Fäden abziehen, von
1–2 Bund kleinen Frühlingszwiebeln	Wurzeln und welke Blätter abschneiden, waschen, trockentupfen, der Länge nach halbieren
200 g Zucchini	waschen, trockentupfen, die Enden abschneiden, die Zucchini in Scheiben schneiden
1 Bund Petersilie	unter fließendem kaltem Wasser abspülen, trockentupfen, die Blättchen von den Stengeln zupfen, mit
4 EL saurer Sahne	mit dem Pürierstab des Handrührgerätes pürieren
	den Teig zur Kugel formen, auf ein mit Backpapier ausgelegtes Backblech legen, ausrollen und flachdrücken, mit der Petersiliensahne bestreichen, je ein Viertel mit einer der Gemüsesorten belegen
300 g Mozzarella	in Würfel schneiden, auf die Pizza streuen, das Blech in den Backofen schieben

Ober-/Unterhitze	etwa 180 °C (vorgeheizt)
Heißluft	etwa 160 °C (nicht vorgeheizt)
Gas	etwa Stufe 3 (vorgeheizt)
Backzeit	25–30 Minuten.

Maiskrusteln mit grüner Sauce

250 ml (¼ l) Wasser	mit
250 ml (¼ l) Milch	
1 TL Meersalz	
1 gehackten Knoblauchzehe	
1 TL Currypulver	
geriebener Muskatnuß	zum Kochen bringen, mit
150 g Maisgrieß	verrühren, 15 Minuten bei schwacher Hitze kochen lassen, mit einem scharfen Messer die Körner aus
4 Maiskolben	heraustrennen, dabei jeweils an beiden Längsseiten jeder Körnerreihe entlang der Trennhäute schneiden
	Maiskörner, Maisbrei mit
4 Eiern	verrühren
Maiskeimöl	in einer Pfanne erhitzen, aus der Masse kleine Fladen von beiden Seiten ausbacken.

Für die Sauce

2 Bund Petersilie	abspülen, gut abtropfen lassen
100 g würzigen Hartkäse (Parmesan, Pecorino, alter Gouda)	reiben, mit Petersilie,
125 ml (⅛ l) Dickmilch	
2–3 EL Semmelbrösel	
½ TL Kräutersalz	
gemahlenem Pfeffer	im Mixer pürieren
1 Knoblauchzehe	abziehen, hacken, unterrühren, die Sauce zu den heißen Maiskrusteln reichen.

Drei-Körner-Nockerln

Für die Maisnockerln

1 TL Butter	zerlassen
100 g Maisgrieß	darin andünsten
125 ml (⅛ l) Milch	
125 ml (⅛ l) Gemüsebrühe	hinzugießen, mit
50 g Schafskäse	verrühren, zum Kochen bringen, bei schwacher Hitze in etwa 15 Minuten ausquellen lassen, bei geöffnetem Topf nochmals aufkochen, abkühlen lassen.

Für die Grünkernnockerln

1 TL Butter	zerlassen
125 g Grünkernschrot	darin andünsten
125 ml (⅛ l) Milch	
125 ml (⅛ l) Gemüsebrühe	hinzugießen, mit
50 g geriebenem Cheddar-Käse	verrühren, bei schwacher Hitze in

15–20 Minuten ausquellen lassen, bei geöffnetem Topf nochmals aufkochen, abkühlen lassen.

Für die Hirsenockerln

1 TL Butter	zerlassen
100 g Hirse	darin andünsten
125 ml (⅛ l) Milch	
125 ml (⅛ l) Gemüsebrühe	hinzugießen, mit
2 EL Weizengrieß	
50 g Blauschimmelkäse	verrühren, zum Kochen bringen, bei schwacher Hitze in 15–20 Minuten ausquellen lassen
1 Bund Petersilie	abspülen, trockentupfen, sehr fein hacken, mit dem Hirsebrei verrühren, bei geöffnetem Topf nochmals aufkochen, abkühlen lassen

(Fortsetzung Seite 108)

von den abgekühlten, festgewordenen Massen mit einem Eßlöffel Nockerln abstechen, in eine große, gefettete Auflaufform setzen, auf dem Rost in den Backofen schieben

Ober-/Unterhitze	*180–200 °C (vorgeheizt)*
Heißluft	*160–180 °C (nicht vorgeheizt)*
Gas	*etwa Stufe 2 (vorgeheizt)*
Backzeit	*etwa 10 Minuten.*

<u>Für die Tomatensauce</u>

1 kg Tomaten   waschen, Stengelansätze entfernen, Tomaten pürieren

40 g Butter   mit

2 EL Weizenvollkornmehl   verkneten
pürierte Tomaten in einen Topf geben, zum Kochen bringen, Mehlpaste in Flöckchen zugeben

1 Knoblauchzehe   abziehen, zerdrücken, unterrühren, mit
Meersalz
frisch gemahlenem Pfeffer
Paprika edelsüß   würzen, etwa 10 Minuten unter ständigem Rühren kochen lassen

6 EL Schlagsahne   unterrühren, zu den Nockerln servieren.

Grünkernbratlinge

130 g Grünkern   schroten *(Foto 1)*

1 Zwiebel   abziehen, fein würfeln, Grünkernschrot, Zwiebelwürfel,

1 Lorbeerblatt   in

500 ml (½ l) Wasser   einmal unter Rühren aufkochen und ausquellen lassen, das Lorbeerblatt entfernen, unter die noch warme Masse

1 kleine Dose (50 g) vegetarische Pastete   rühren, die Masse abkühlen lassen unter die abgekühlte Masse

1 Ei

50 g Vollkornsemmelbrösel   rühren, mit
Meersalz
körniger Hefewürze
gerebeltem Majoran
gerebeltem Liebstöckel   würzen, mit feuchten Händen Frikadellen formen *(Foto 2)*, in

heißem Kokosfett   braten *(Foto 3)*.

Beilage   Gurkenscheiben und Tomatenstücke.

Zitronencouscous
mit Kresse
....

200 g Couscous-Grieß	in
1 EL Olivenöl	anrösten,
500 ml (½ l) Wasser	hinzugießen, zum Kochen bringen
2 Knoblauchzehen	abziehen, von
1 Zitrone (unbehandelt)	einen Streifen Schale abschälen, mit dem Knoblauch,
1 TL Meersalz	zum Couscous geben, bei schwacher Hitze etwa 12 Minuten ausquellen lassen, mit
Zitronenpfeffer 2 EL Zitronensaft 1 EL Olivenöl	vermischen, von

1 Kästchen Kresse die Blätter abschneiden, abspülen, abtropfen lassen, unter den Couscous ziehen, von der Zitrone die Schale in feinen Streifen hobeln, den Couscous zu einem Hügel auftürmen, mit Zitronenschale bestreuen.

Tip Sie können den Zitronencouscous auch mit Gemüsebrühe zubereiten. Er wird dann noch würziger. Dazu paßt ein würziger Rohkostsalat.

Reisgericht David

3 EL Sonnen- blumenöl	in einem Topf erhitzen
300 g Reis	hinzugeben, kurz mitdünsten, mit
750 ml (³/₄ l) Gemüsebrühe	aufgießen, etwa 20 Minuten bei mittlerer Hitze ausquellen lassen, abgießen und warmstellen
4 Möhren (200 g)	putzen, schälen, waschen, in Streifen schneiden
400 g Staudensellerie	putzen, von harten Fäden befreien, in ¹/₂ cm breite Streifen schneiden
120 g Austernpilze	putzen, mit Küchenpapier abreiben, in Streifen schneiden
60 g Butter	erhitzen

das Gemüse darin andünsten, mit

4 cl trockenem Sherry	
125 ml (¹/₈ l) trockenem Weißwein	aufgießen, etwa 8 Minuten kochen lassen
200 g Doppelrahm- frischkäse	zerbröckeln, unter das Gemüse rühren
1 TL grünen Pfeffer	Salz,
frisch gemahlenem Pfeffer	
Knoblauchpulver	abschmecken
1 Bund Schnittlauch	abspülen, trockentupfen, in dünne Röllchen schneiden, über den Gemüse-rahm geben, mit dem Reis anrichten.

Tomaten-Oliven-Törtchen

(Etwa 10 Stück)

Für den Teig

375 g Weizenmehl	in eine Rührschüssel geben, in die Mitte eine Mulde drücken
200 g Margarine oder Butter	in kleine Stücke schneiden
2 Eier	
½ TL Salz	hinzugeben, mit dem Handrührgerät mit Knethaken zunächst kurz auf niedrigster, dann auf höchster Stufe gut durcharbeiten, anschließend auf der Arbeitsfläche zu einem glatten Teig verkneten den Teig in Folie wickeln, im Kühlschrank 1 Stunde kalt stellen.

Für den Belag

300 g Frischkäse mit französischen Kräutern	mit
2 Eiern	verrühren
500 g Tomaten	waschen, den Stielansatz entfernen, quer in etwa 1 cm dicke Scheiben schneiden den Teig auf einer bemehlten Arbeitsfläche knapp ½ cm dünn ausrollen und Kreise von etwa 11 cm Durchmesser ausstechen in Tortelettförmchen von etwa 8 cm Durchmesser legen, am Rand festdrücken oder auf ein gefettetes Backblech legen die Frischkäsemasse darauf verteilen, mit je einer Tomatenscheibe garnieren von
10–14 schwarzen Oliven	je eine auf jede Tomatenscheibe legen, mit Salz,
frisch gemahlenem Pfeffer	würzen, in den Backofen schieben

Ober-/Unterhitze	*etwa 200 °C (vorgeheizt)*
Heißluft	*etwa 180 °C (nicht vorgeheizt)*
Gas	*etwa Stufe 4 (vorgeheizt)*
Backzeit	*etwa 15 Minuten.*

Käsepizza

(Foto)

Für den Teig

500 g Weizen-vollkornmehl	in eine Rührschüssel geben, mit
1 Päckchen Trocken-Backhefe	sorgfältig mischen
1 TL gemahlenen Koriander	
1 TL Meersalz	
1 TL gemahlenen Kümmel	
2 Eier	
180 ml lauwarme Milch	
70 g zerlassene, abgekühlte Butter	hinzufügen

mit einem Handrührgerät mit Knethaken oder einer Küchenmaschine auf niedrig-ster Stufe zu einem glatten Teig ver-arbeiten

zugedeckt an einem warmen Ort so lange gehen lassen, bis der Teig sich verdoppelt hat, nochmals durchkneten, auf einem gefetteten Blech ausrollen.

Für den Belag

200 g Zwiebeln	abziehen, würfeln, in
30 g Butter	glasig dünsten, abkühlen lassen
400 g Fleischtomaten	waschen, die Stengelansätze heraus-schneiden, die Tomaten in Scheiben schneiden
4 Peperoni	putzen, waschen, in Scheiben schneiden
200 g eingelegte Artischockenherzen	abtropfen lassen
400 g Appenzeller-Käse	grob würfeln

die Zutaten auf dem Teig verteilen.

Käsegebäck

Für den Guß

200 g saure Sahne	
200 ml Schlagsahne	
3 Eier	
3 EL Weizenvoll-kornmehl	
1 TL Meersalz	
gemahlenen Pfeffer	
geriebene Muskatnuß	hinzufügen
	mit einem Handrührgerät mit Rührbesen gut verrühren, über den Belag gießen
	mit
3 EL Kümmelsamen	bestreuen
	das Backblech in den Backofen schieben

Ober-/Unterhitze etwa 200 °C (nicht vorgeheizt)
Heißluft etwa 180 °C (nicht vorgeheizt)
Gas Stufe 3–4 (nicht vorgeheizt)
Backzeit etwa 50 Minuten.

375 g Weizenmehl	mit
Meersalz	mischen, in eine Rührschüssel geben
8 EL Milch	
225 g würzigen, fein-geriebenen Käse	
225 g weiche Butter	hinzufügen, mit einem Handrührgerät mit Knethaken zunächst auf niedrigster, dann auf höchster Stufe gut durcharbeiten, anschließend auf der Tischplatte zu einem glatten Teig verkneten, zu einer Kugel formen, abgedeckt durchkühlen lassen, den Teig 1/2 cm dick ausrollen, Streifen oder Taler ausrädeln, mit
Milch	bestreichen, mit
Mohn, Sesam	bestreuen, auf ein mit Backtrennpapier belegtes Backblech legen, das Blech in den Backofen schieben

Ober-/Unterhitze 200–225 °C (vorgeheizt)
Heißluft 180–200 °C (nicht vorgeheizt)
Gas Stufe 4–5 (vorgeheizt)
Backzeit etwa 10 Minuten.

Eier, Milchprodukte & Tofu

Eiweiß ist ein elementarer Baustein menschlichen Lebens. Vom Aufbau der Körperzellen über den Sauerstofftransport bis hin zum Haarwuchs – ohne Eiweiß würde nichts funktionieren. Entsprechend viel Wert sollte man auf wichtige Proteinspender in der Ernährung legen. Eier und Milchprodukte erweisen sich als ideale Partner. Sie sind nicht nur preisgünstige und zu jeder Jahreszeit verfügbare, sondern auch recht vielfältig verwertbare Nahrungsmittel. Milch, Quark, Käse — und als exotische Variante die aus Sojabohnen gewonnene, quarkähnliche Masse Tofu, lassen sich kalt oder heiß servieren, sind für Vorspeisen und Hauptgerichte verwendbar.

Paprikaschoten, mit Quark gefüllt

(Foto Seite 116/117)
Von

12 kleinen roten, grünen und gelben Paprikaschoten	die Deckel abschneiden, Kerne und weiße Scheidewände entfernen, die Schoten und Deckel waschen, abtrocknen.

Für die Füllung

2 Knoblauchzehen	abziehen, durch eine Presse drücken, mit
400 g Magerquark 3 Eiern	gut verrühren
10 schwarze Oliven	entkernen, kleinschneiden, unterrühren, mit
Meersalz frisch gemahlenem Pfeffer Currypulver	würzen
2 EL gehackte Petersilie	unterrühren die Quarkmasse in die Paprikaschoten füllen, die Deckel darauf legen
etwa 125 ml (¹⁄₈ l) Gemüsebrühe 2 EL Olivenöl	mit in einen breiten, flachen Kochtopf geben, zum Kochen bringen, die gefüllten Paprikaschoten nebeneinander hineinsetzen, zugedeckt bei schwacher Hitze in etwa 25 Minuten gar dünsten lassen, herausnehmen, auf einer vorgewärmten Platte anrichten, warmstellen die Dünstflüssigkeit evtl. etwas einkochen lassen
etwa 2 EL Crème fraîche	unterrühren, mit Salz, Pfeffer, Currypulver abschmecken die Sauce mit
feingehackter glatter Petersilie feingeschnittenem Schnittlauch	bestreuen, zu den Paprikaschoten reichen.
Beilage	Butterreis oder Petersilienkartoffeln.

Marinierter Ziegenkäse

(Foto)

250 ml (¹⁄₄ l) Olivenöl 200 ml Weißwein	mit verrühren
10 Champignons	putzen, abspülen, trockentupfen
3 Knoblauchzehen	abziehen, evtl. halbieren
2 kleine Rosmarinzweige	abspülen, trockentupfen
1 rote Pfefferschote	entkernen, in Ringe schneiden
10 grüne Oliven 4 kleine Ziegenkäse	
	die sechs Zutaten in Gläser geben, mit der Öl-Wein-Mischung übergießen, gut verschlossen etwa 24 Stunden durchziehen lassen.

Bunte Paprika-Käse-Spießchen

3 Paprikaschoten (gelb, rot, grün)	waschen, mit
1 TL Sonnenblumenöl	einreiben, auf dem Rost in den Backofen schieben
Ober-/Unterhitze	*225–250 °C (vorgeheizt)*
Heißluft	*180–200 °C (nicht vorgeheizt)*
Gas	*Stufe 6–7 (vorgeheizt)*
Bratzeit	*etwa 15 Minuten*
	bis die Haut Blasen wirft und braun wird, dabei alle 5 Minuten wenden die Paprikaschoten aus dem Ofen nehmen, mit einem feuchten Tuch bedecken und etwas abkühlen lassen, die Haut abziehen, Schoten halbieren, entstielen, entkernen, die weißen Scheidewände entfernen, jede Hälfte längs in 3 Streifen schneiden, mit
Salz, Pfeffer	würzen
90 g Schafskäse 90 g Gorgonzola-Käse 90 g Romadur-Käse	in jeweils 6 Stücke schneiden Schafskäse auf gelbe Paprikastreifen, Gorgonzola auf grüne und Romadur auf rote legen, zusammenrollen und mit Holzstäbchen feststecken.

Tofu mit Kräutern und Schalotten

	(Foto)
250 g Tofu	mit einem Mixer oder Pürierstab cremig rühren, evtl.
2–3 EL Milch	hinzufügen
2 Schalotten	abziehen, fein würfeln, mit
3 EL gehackten Kräutern (z. B. Petersilie, Dill, Schnittlauch, Kerbel) frisch gemahlenem Pfeffer	unter die Tofumasse rühren, mit
Meersalz	abschmecken.
Beilage	Folienkartoffeln und frischer Salat.

Tofugeschnetzeltes

500 g Tofu	zuerst in Scheiben, dann in dünne Streifen schneiden, in eine flache Form legen
2 Knoblauchzehen	abziehen, in dünne Scheiben schneiden, über den Tofu verteilen
250 ml (¼ l) kaltgepreßtes Olivenöl Saft von 3 Zitronen 1 Paket (25 g) tiefgefrorenen Kräuter der Provence	mit dem verrühren über den Tofu gießen, den Tofu etwa 1 Stunde marinieren Tofustreifen auf einem Sieb etwas abtropfen lassen, in einer Pfanne rundum anbraten
1 Zwiebel	abziehen, in Ringe schneiden
2 grüne Paprikaschoten	halbieren, entstielen, entkernen, die weißen Scheidewände entfernen, die Schoten waschen, in Streifen schneiden beide Zutaten zum Tofu geben, kurz andünsten
6 Tomaten	waschen, achteln, die Stengelansätze herausschneiden, mit
150 g schwarzen Oliven	zu den Tofustreifen geben
125 ml (⅛ l) Gemüsebrühe	hinzugießen, das Tofugeschnetzelte weitere 5 Minuten schmoren, mit
frisch gemahlenem Pfeffer	abschmecken.

Buchweizenfrittata mit Keimlingen

	(Foto)
4 Eier	mit
200 g Speisequark (20 % Fett) Meersalz frisch gemahlenem Pfeffer	verrühren *(Foto 1)*
2 EL Buchweizen- mehl	zugeben *(Foto 2)*
1 EL Sonnen- blumenöl	in einer großen Pfanne zerlassen, den Teig hineingeben, mit
½ Tasse (125 ml) Kürbiskernkeimlingen ½ Tasse (125 ml) Sonnenblumen- kernkeimlingen	bestreuen, bei mittlerer Hitze etwa 8 Minuten backen, bis das Omelett gestockt ist, mit
2 EL geriebenem Käse	bestreuen *(Foto 3)*, schmelzen lassen, auf eine Platte gleiten lassen, warm oder kalt wie eine Torte in Stücke schneiden.

Zucchiniomelette

3 kleine Zucchini (etwa 250 g)	waschen, die Stengelansätze ab- schneiden, die Zucchini auf einer Rohkostreibe grob raspeln, in einem Tuch gut ausdrücken
2 Schalotten	schälen, fein hacken
2 EL Butter	in einer Pfanne zerlassen, Zucchiniraspel und Schalotten darin etwa 8 Minuten unter Rühren dünsten lassen
8 Eier	verschlagen, mit
Meersalz frisch gemahlenem schwarzem Pfeffer geriebener Muskatnuß	würzen, über die Zucchini gießen, zuge- deckt stocken lassen wenn die Unterseite fest geworden ist, das Omelett auf einen Teller gleiten lassen und umgedreht wieder in die Pfanne geben, bei milder Hitze fertig- braten, aus der Pfanne nehmen, vierteln und auf vorgewärmten Tellern servieren.
Beigabe	Tomatensalat.

Junges Gemüse mit Frischkäse-Füllung

....

4 kleine grüne und gelbe Paprikaschoten	halbieren, entkernen, die weißen Scheidewände entfernen, die Schoten waschen, in
kochender Gemüsebrühe	etwa 8 Minuten blanchieren, mit einem Schaumlöffel herausnehmen, Gemüsebrühe auffangen
4 Fleischtomaten	waschen, einen Deckel abschneiden, mit einem Löffel vorsichtig aushöhlen, mit
Salz frisch gemahlenem Pfeffer	ausstreuen.

Für die Füllung

10 schwarze Oliven (ohne Stein)	in dünne Scheiben schneiden
1 Bund Frühlingszwiebeln	putzen, waschen, in feine Ringe schneiden
2 Becher (300 g) Frischkäse mit französischen Kräutern	mit
2 Eiern	verrühren
1 EL Kapern	Oliven- und Frühlingszwiebelringe, dazugeben, alles verrühren, mit Salz und Pfeffer abschmecken die Masse vorsichtig in das Gemüse füllen, da sie dünnflüssig ist auf die Tomaten die abgeschnittenen Deckel setzen, in eine gefettete Auflaufform geben
125 ml (⅛ l) Gemüsebrühe	von den Paprikaschoten dazugießen, in den Backofen schieben

Ober-/Unterhitze	*etwa 200 °C (vorgeheizt)*
Heißluft	*etwa 180 °C (nicht vorgeheizt)*
Gas	*etwa Stufe 4 (vorgeheizt)*
Backzeit	*etwa 12 Minuten.*

Sommerliche Eierrolle mit Basilikumsauce

....

(Foto)

<u>Für die Eierrolle</u>

500 g Zucchini	waschen, die Enden abschneiden, die Zucchini in Streifen hobeln oder schneiden
5 Eiweiß	steif schlagen
5 Eigelb	unterziehen, mit
100 g Weizen-vollkornmehl	
Meersalz	
gemahlenem Pfeffer	vorsichtig vermengen, die Zucchini-streifen unterziehen, den Teig auf einem mit gefettetem Pergamentpapier ausgelegten Backblech verteilen, in den Backofen schieben

Ober-/Unterhitze	*etwa 200 °C (vorgeheizt)*
Heißluft	*etwa 180 °C (nicht vorgeheizt)*
Gas	*Stufe 2–3 (vorgeheizt)*
Backzeit	*etwa 25 Minuten*

	Teigplatte sofort vom Blech auf ein feuchtes Küchentuch stürzen, zu-sammenrollen
1 kg Fleischtomaten	kurze Zeit in kochendes Wasser legen (nicht kochen lassen), mit kaltem Wasser abschrecken, enthäuten, entkernen, Saft und Kerne durch ein Sieb geben, für die Sauce zurückbehalten, das Fruchtfleisch hacken
150 g Butterkäse	grob raspeln
	Teigplatte wieder auseinanderrollen, mit Tomatenfleisch und Käse belegen, eng zusammenrollen, wieder auf dem Blech in den Backofen schieben

Ober-/Unterhitze	*etwa 180 °C*
Heißluft	*etwa 160 °C*
Gas	*Stufe 1–2*
Backzeit	*etwa 20 Minuten*

die Eierrolle in Scheiben schneiden.

<u>Für die Basilikumsauce</u>

2 Bund Basilikum	abspülen, trockentupfen, Blätter abzupfen, mit
100 ml Olivenöl	
40 g Pinienkernen	
3 EL frisch ge-riebenem Parmesan-Käse	
2 abgezogenen Knoblauchzehen	im Mixer pürieren, mit
Meersalz, Pfeffer	abschmecken, Tomatensaft unterrühren, zu der heißen Eierrolle reichen.

Kräuterkäse-Kranz mit Pilzsalat

....

(8 Portionen)

Für den Kräuterkäse-Kranz

1 kg Frischkäse	mit
250 ml (¼ l) Schlagsahne	
200 g flüssiger Butter	verrühren
1 Bund glatte Petersilie	
je 1 Bund Dill, Schnittlauch und Basilikum	die vier Kräuter abspülen, trockentupfen, fein hacken, unter die Käsecreme rühren, mit
Meersalz, Pfeffer	würzen
Olivenöl	eine Kranzform mit ausstreichen, die Käsecreme einfüllen, glattstreichen, etwa 1 Stunde in den Kühlschrank stellen.

Für den Pilzsalat

200 g Champignons	
200 g Austernpilze	die Pilze putzen, abspülen, trockentupfen, größere Pilze halbieren oder in Scheiben schneiden
3 EL Nußöl	erhitzen, die Pilze darin 10 Minuten dünsten, etwas abkühlen lassen
4 EL Nußöl	mit
4 EL Estragonessig	
Meersalz	
gemahlenem Pfeffer	verrühren, vorsichtig mit den Pilzen vermengen, etwas durchziehen lassen den Kräuterkäse-Kranz auf einen Teller stürzen, den Pilzsalat in die Mitte füllen, mit
Basilikumblättchen	garniert servieren.

Paprika,
italienische Art

....

1 kg Paprikaschoten (rot und grün)	halbieren, entstielen, entkernen, die weißen Scheidewände entfernen, die Schoten waschen, in Stücke schneiden
500 g kleine Zwiebeln oder Schalotten	mit
kochendem Wasser	übergießen, etwa 5 Minuten stehenlassen, abziehen, halbieren
4 EL kaltgepreßtes Olivenöl	erhitzen, Zwiebelhälften und Paprikastücke etwa 10 Minuten darin dünsten lassen
500 g Tomaten	kurze Zeit in kochendes Wasser legen (nicht kochen lassen), in kaltem Wasser abschrecken, enthäuten, die Stengelansätze herausschneiden, die Tomaten vierteln, mit

4 EL Balsamessig (aceto balsamico)	zu Paprika und Zwiebeln geben, mit
Kräutersalz frisch gemahlenem Pfeffer	würzen, das Gemüse zugedeckt etwa 15 Minuten dünsten lassen, auf eine Platte geben, etwas abkühlen lassen
1 Knoblauchzehe	abziehen, zerdrücken, mit
200 g Speisequark (20 % Fett)	verrühren, auf das Gemüse geben, mit
Basilikum- oder Oreganoblättchen	garnieren.
Beilage	Gegrillte Vollkornbrotscheiben, mit Knoblauch eingerieben, mit Olivenöl beträufelt.

Ziegenkäse mit Sonnenblumenkernkruste

....

(Foto)

1 kleinen Kopf Batavia	
1 kleinen Kopf Radicchio	putzen, zerpflücken, waschen
1 kleines Bund Ruccola oder Brunnenkresse	verlesen, waschen, Brunnenkresseblätter von den Stengeln zupfen den Salat auf vier Tellern anrichten
6 EL Sonnenblumenöl	mit
3–4 EL Weißweinessig Pfeffer	verrühren · gleichmäßig über die Salate träufeln
300 g Ziegenkäse	mit
4 TL Sonnenblumenkernen	bestreuen die Kerne etwas andrücken auf einer feuerfesten Form in den Backofen schieben
Ober-/Unterhitze	*etwa 180 °C (vorgeheizt)*
Heißluft	*etwa 160 °C (nicht vorgeheizt)*
Gas	*etwa Stufe 3 (vorgeheizt)*
Backzeit	*etwa 5–7 Minuten*
	der Käse sollte nicht zerlaufen heiß auf den Salattellern verteilen, sofort servieren.
Tip	Dazu Stangenweißbrot servieren.

Gebratener Mandeltofu

....

300 g Tofu	in 1 cm dicke Scheiben schneiden
4 EL Sojasauce	mit
1 EL Weinessig	
½ TL Ahornsirup	vermischen, die Tofuscheiben darin 5 Stunden marinieren, die Tofuscheiben herausnehmen, etwas abtropfen lassen, in
2 EL abgezogenen, gemahlenen Mandeln	wälzen
2 EL Sesamöl	in einer Pfanne erhitzen, die Tofuscheiben darin in beiden Seiten braun braten.
Beilage	Gemüsereis.

Früchte & Süßspeisen

Wer glaubt, daß Naschkatzen von Vegetariern auf den nächstbesten Baum gejagt werden, um dort in eine biologisch angebaute Birne zu beißen oder am garantiert ungespritzten Apfel zu knabbern, der irrt gewaltig.

Sicher, vitaminreiche, möglichst naturbelassene Früchte sind ein beliebter Nachtisch, doch bei weitem nicht das einzig denkbare Dessert. Im Gegenteil.

Die bewußte Zusammenstellung möglichst vollwertiger Nahrungsmittel, die die vegetarische Küche auszeichnet, setzt sich von der Vorspeise bis zum Menüabschluß fort. Da gibt es — im wahrsten Sinne des Wortes — manch süße Idee.

Apfelpastete

(Foto Seite 130/131)

<u>Für den Teig</u>

200 g Weizenvollkornmehl Meersalz 2 gestrichene TL Backpulver	mischen, in eine Rührschüssel geben
etwa 3 EL kaltes Wasser	
150 g weiche Butter	hinzufügen, die Zutaten mit einem Handrührgerät mit Knethaken zunächst auf niedrigster, dann auf höchster Stufe durcharbeiten, anschließend auf der Tischplatte zu einem glatten Teig verkneten, sollte er kleben, ihn eine Zeitlang kalt stellen
	1/3 des Teiges auf der Arbeitsplatte ausrollen, den Boden einer gefetteten, feuerfesten Form damit auslegen, aus dem zweiten Drittel des Teiges eine Rolle formen, sie als Rand auf den Teigboden legen, so an die Form drücken, daß ein 2–3 cm hoher Rand entsteht, den Teigboden mehrmals mit einer Gabel einstechen.

<u>Für die Füllung</u>

750 g Äpfel	schälen, vierteln, entkernen, in kleine Stücke schneiden, mit dem
Saft von 1/2 Zitrone (unbehandelt)	beträufeln, mit
80 g flüssigem Honig	vermengen
100 g Haselnußkerne	in einer Pfanne ohne Fett unter Rühren kurz anrösten, in einem Geschirrtuch die braune Haut abreiben, grob hacken, mit
1 Prise Bourbon-Vanille 1 EL Weizenvollkornmehl	mischen, mit
25 g Butterflöckchen	unter die Apfelmasse arbeiten, auf dem Teig gleichmäßig verteilen, den restlichen Teig auf einer bemehlten Tischplatte in der Größe der Form ausrollen, über die Apfelmasse decken, mit
1 verschlagenem Eigelb	bestreichen, die Oberfläche mehrmals mit einer Gabel einstechen, die Form auf dem Rost in den Backofen schieben

1. Backzeit
Ober-/Unterhitze	200–225 °C (vorgeheizt)
Heißluft	180–200 °C (nicht vorgeheizt)
Gas	Stufe 3–4 (vorgeheizt)
Backzeit	30 Minuten

2. Backzeit
Ober-/Unterhitze	etwa 175 °C
Heißluft	etwa 150 °C
Gas	Stufe 2–3
Backzeit	etwa 10 Minuten.

Orangenscheiben mit Mandeln

1 Orange (unbehandelt)	waschen, abtrocknen, die Schale dünn abschälen, in sehr feine Streifen schneiden, die Orange halbieren, auspressen
2 große Orangen	schälen, die weiße Haut entfernen, die Orangen in Scheiben schneiden
2 EL Butter	in einer Flambierpfanne auf dem Rechaud erhitzen
1 gut gehäuften EL Zucker 40 g abgezogene, gestiftelte Mandeln	hinzufügen, unter Rühren leicht bräunen lassen, Orangenscheiben und -schalenstreifen hinzufügen die Orangenscheiben von beiden Seiten etwa 3 Minuten darin braten lassen, mit
4–6 EL Grand Marnier	flambieren, den Apfelsaft,
1 EL Zitronensaft	unterrühren, miterhitzen, sofort servieren.
Beigabe	Schlagsahne oder Vanilleeis.

Grießspeise mit Aprikosen

....

1 Päckchen Rosinen-Grieß Mandella	
2 schwach gehäufte EL Zucker	mit 6 Eßlöffel von
500 ml (½ l) kalter Milch	anrühren, die übrige Milch im Simmer-topf erhitzen, das angerührte Pudding-Pulver unter Rühren hineingeben, erhitzen, in etwa 5 Minuten ausquellen lassen
etwa 400 g ge-dünstete Aprikosen	abtropfen lassen, den Saft auffangen, 250 ml (¼ l) davon abmessen, die Hälfte der Aprikosen in kleine Stücke schneiden, unter den Grießpudding heben, ihn in eine mit kaltem Wasser ausgespülte Puddingform oder Glas-schüssel füllen, kalt stellen

den festgewordenen Pudding auf einen Teller stürzen
aus dem abgemessenen Aprikosensaft

1 Päckchen Tortenguß, klar	nach der Vorschrift auf dem Päckchen einen Guß zubereiten, gleichmäßig über die Grießspeise geben, die restlichen Aprikosen dazureichen.

Tofu-Orangen-Creme „Shogun"

....

	Von
3 Orangen (unbehandelt)	eine Orange waschen, abtrocknen, die Schale abreiben
	die Frucht auspressen
	die zweite Orange schälen, filetieren, die Filets einmal durchschneiden
½ Granatapfel	halbieren, die Kerne herauslösen
4 eingelegte Ingwerpflaumen	würfeln
200 g Tofu	abtropfen lassen, grob zerkleinern, mit Orangensaft,
20 g Zwieback 3 cl Orangenlikör 2 EL flüssigen Honig	pürieren
	die Creme mit Orangenfilets und Ingwerpflaumenwürfeln

1 Prise gemahlenem Koriander	vermischen, zugedeckt 2–3 Stunden kühl stellen
125 ml (⅛ l) Schlagsahne	steif schlagen,
1 Päckchen Vanillin-Zucker	hinzugeben, zum Schluß die Orangenschale hinzufügen
	die letzte Orange schälen und filetieren
	die Creme auf Tellern verteilen, mit Orangenfilets, Granatapfelkernen und Sahnetupfen garnieren.

Quarkküchlein
mit Orangensauce

(Foto – 6 Portionen)

125 ml (¹/₈ l) Milch	zum Kochen bringen, über
50 g Vollkornzwieback	gießen, 10 Minuten ziehen lassen, mit
250 g Magerquark	
30 g Butter	
2 Eigelb	
1 TL abgeriebener Orangenschale (unbehandelt)	
25 g Cashewkernen	
2 EL Ahornsirup	pürieren
2 Eiweiß	steif schlagen, unter die Masse ziehen, in sechs kleine, gefettete Gratinförmchen füllen, auf dem Rost in den Backofen schieben

Ober-/Unterhitze	*etwa 200 °C (vorgeheizt)*
Heißluft	*etwa 180 °C (nicht vorgeheizt)*
Gas	*Stufe 2–3 (vorgeheizt)*
Backzeit	*etwa 30 Minuten.*

Für die Orangensauce

3 Orangen	bis auf das Fruchtfleisch schälen, vierteln, in Scheiben schneiden, dabei den Fruchtsaft auffangen, mit
6 EL ungesüßtem Sanddornsaft	
3 EL Ahornsirup	verrühren, Orangenstückchen unterrühren Küchlein heiß in der Form oder gestürzt mit Orangensauce servieren.

Himbeergrütze
mit Roggen

80–100 g Roggen	grob schroten
1 l Wasser	mit
Meersalz	
¹/₂ TL Honig	aufkochen, Roggenschrot hineingeben, etwa 30 Minuten quellen lassen, abkühlen lassen
300 g Himbeeren oder andere Beeren	verlesen, waschen, abtropfen lassen, mit
Honig	süßen, evtl.
Zitronensaft	dazugeben, in tiefe Teller füllen, mit der Roggengrütze mischen, mit
125 ml (¹/₈ l) Schlagsahne	servieren.

Winterdessert

300–400 g Möhren	putzen, schälen, waschen, fein reiben, mit
75 ml Milch Saft und Schale von 1 Orange 50 g Orangeat	etwa 20 Minuten kochen, die Möhren sollten gar sein und es sollte sich ein dicker Brei gebildet haben
2 EL Honig ½ TL zerstoßenen Koriander ½ TL zerstoßenen Anis 4–5 EL abgezogene, gemahlene Mandeln 3–5 EL Schlagsahne	unter den Brei rühren, abkühlen lassen.
Tip	Das Dessert mit Mandelsplittern oder Pistazien garnieren, mit geschlagener Sahne servieren.

Tofu-Erdbeer-Creme

250 g Tofu	zerbröseln, mit
1 Becher (150 g) Sahnejoghurt 2 EL Honig 1 EL Zitronensaft	im Mixer pürieren
200 g Erdbeeren	waschen, mit Haushaltspapier trockentupfen, einige schöne Früchte zurückbehalten, die übrigen Früchte in den Mixer geben
1 reife Banane	schälen, in Scheiben schneiden, ebenfalls in den Mixer geben, die Früchte kurz mitpürieren die Creme auf Glasschälchen verteilen, mit den zurückbehaltenen Früchten garnieren, mit
1 EL gehackten Pistazien	bestreuen.

Maronendessert

	(Foto)
400 g Maronen (Eßkastanien)	oben kreuzweise einschneiden (Foto 1), in
kochendes Wasser	geben, 5–10 Minuten kochen lassen, bis sich die Einschnittstellen öffnen, die Kastanien abgießen, sofort schälen (Foto 2), die braune Haut abziehen (Foto 3), die Maronen in
500 ml (½ l) Wasser abgeriebenen Schale von 1 Orange (unbehandelt)	mit der etwa 20 Minuten kochen, abgießen, im Mixer grob zerkleinern, mit dem
Saft von 1 Orange 3–4 EL Ahornsirup	abschmecken, durch die Spätzlepresse drücken, sofort in Portionsschälchen verteilen, mit
125 g Preisebeeren (aus dem Glas) geraspelter Schale von 1 Orange (unbehandelt)	garnieren
125 ml (⅛ l) Schlagsahne	mit einem Handrührgerät steif schlagen, zum Maronendessert reichen.

Pfirsiche mit Gerstenhäubchen

....

3 EL Gerste	in Wasser 6–8 Stunden einweichen, abtropfen lassen
100 g Datteln	mit
1 Stückchen Zitronenschale (unbehandelt)	in
100 ml Wasser	zum Kochen bringen, abkühlen lassen, dann die Datteln schälen, entkernen, hacken, mit der Gerste,
2 EL Speisequark, 20 %	
2 TL Honig	
½ TL gemahlenem Zimt	verrühren

1 Eiweiß	steif schlagen, unterziehen
4 Pfirsiche	waschen, halbieren, entsteinen, in eine Auflaufform setzen, den Gerstenschaum auf die Pfirsiche geben, die Form auf dem Rost in den Backofen schieben

Ober-/Unterhitze	*etwa 240 °C (vorgeheizt)*
Heißluft	*etwa 220 °C (nicht vorgeheizt)*
Gas	*etwa Stufe 4 (vorgeheizt)*
Backzeit	*etwa 20 Minuten*

die Pfirsiche heiß servieren.

Pfirsiche auf Grün-Weiß

....

| 4 Pfirsiche | waschen, abtrocknen, entsteinen, in Spalten schneiden, auf vier Dessertteller geben. |

Für die weiße Sauce

50 g Mandeln	abziehen, mit
125 ml (⅛ l) Milch	
1 TL Zitronensaft	
1 Prise Ingwer	im Mixer pürieren.

Für die grüne Sauce

½ reife Avocado	schälen, entkernen, mit
125 ml (⅛ l) Milch	
50 g Pistazienkernen	
1 EL Honig	
1 TL Zitronensaft	
gemahlenem Zimt	im Mixer pürieren, Saucen um die Pfirsiche gießen, sofort servieren.
Tip	Sie können auch noch eine rote Sauce zu den Pfirsichen servieren. Pürieren Sie 250 g Himbeeren mit dem Saft einer halben Zitrone und 50 g gesiebtem Puderzucker.

Weizendukaten
mit Aprikosenmark

(Foto)

200 g Weizen	über Nacht mit
½ aufgeschnittenen Vanilleschote	in
200 ml Wasser	einweichen
	am nächsten Tag abgießen
1 EL Butter	zerlassen, Weizenkörner darin etwa 5 Minuten rösten
5 Schrotbrötchen	in Würfel schneiden, mit
125 ml (⅛ l) warmer Milch	begießen, 5 Minuten ziehen lassen, mit dem Pürierstab des Handrührgeräts pürieren, mit
2 Eiern	
2 EL Honig	verrühren, Mark aus der Vanilleschote kratzen, unterrühren, Weizenkörner unterziehen, aus der Masse kleine Kugeln formen, zu Dukaten von etwa 4 cm und 1,5 cm Dicke flachdrücken, in
Vollkornsemmel-bröseln	wenden
etwa 40 g Butter	in einer Pfanne zerlassen, die Dukaten darin von beiden Seiten knusprig braun braten.

Für das Aprikosenmark

500 g vollreife Aprikosen	waschen, halbieren, entsteinen, pürieren, mit
Orangenblütenwasser	parfümieren, als Sauce zu den heißen Dukaten reichen.
Tip	Sehr köstlich schmecken die Dukaten mit 1 Tasse (250 ml) Weizenkeimen statt der eingeweichten Körner. Im Winter kann man anstelle von frischen eingeweichte, getrocknete, unge-schwefelte Aprikosen oder Apfelmus verwenden.

Gestockte Honig-Sesam-Creme

....

(Etwa 6 Portionen)

100 g festen Kleehonig	in
500 ml (½ l) warmer Schlagsahne	auflösen, mit
3 Eiern	
3 Eigelb	
Meersalz	
2 EL Orangenblütenwasser	
2 EL gerösteten Sesamsamen	würzen, eine kleine, feuerfeste Ringform mit
warmer Butter	ausfetten, die Honigsahne hineingießen die Fettpfanne des Backofens 1–2 cm hoch mit Wasser füllen, die Ringform hineinstellen, auf dem Rost in den Backofen schieben

Ober-/Unterhitze	*etwa 175 °C (vorgeheizt)*
Heißluft	*etwa 150 °C (nicht vorgeheizt)*
Gas	*Stufe 1–2 (vorgeheizt)*
Garzeit	*etwa 1 Stunde*

	die Creme etwas abkühlen lassen, stürzen, kalt stellen.
Tip	Honig-Sesam-Creme nach Belieben in Gläser füllen, mit Schlagsahne, Orangenscheiben, Sesamsamen servieren.

Johannisbeer-Granité

....

500 g rote Johannisbeertrauben	verlesen, waschen, von den Rispen abstreifen, mit
100 ml Wasser	
½ aufgeschlitzten Vanilleschote	zum Kochen bringen, etwa 10 Minuten kochen lassen, durch ein Sieb geben, mit
5 EL Honig	verrühren, durch ein Mulltuch geben, um den Saft zu klären, in einer flachen Plastikbox einfrieren, ist das Eis hart, mit einem Löffel in Flocken abkratzen, in vier Gläser geben, nach Wunsch mit
400 ml kaltem kohlensäurearmen Mineralwasser	auffüllen, mit
Johannisbeertrauben	garnieren.

Äpfel im Versteck

<u>Für den Teig</u>

20 g frische Hefe in
100 ml lauwarmer
Buttermilch auflösen, mit
250 g Weizenvoll-
kornmehl
50 g gemahlenen
Haselnußkernen
50 g weicher Butter
2 EL Pflaumenmus
Meersalz verrühren, zu einem elastischen Teig
verkneten, an einem warmen Ort etwa
1 Stunde gehen lassen, bis sich sein
Volumen verdoppelt hat.

<u>Für die Füllung</u>

1 großen und 6 kleine
Kochäpfel (etwa 1 kg) schälen, Kerngehäuse ausstechen, Äpfel
auf Alufolie setzen, auf dem Rost in den
Backofen schieben

Ober-/Unterhitze *etwa 250 °C (vorgeheizt)*
Heißluft *etwa 220 °C (nicht vorgeheizt)*
Gas *etwa Stufe 5 (vorgeheizt)*
Bratzeit *etwa 20 Minuten*

250 g Zwetschen waschen, halbieren, entsteinen, in kleine
Stücke schneiden
2 Eigelb mit
6 EL Pflaumenmus cremig rühren, mit den Zwetschen,
100 g gemahlenen
Haselnußkernen verrühren
2 Eiweiß steif schlagen, unterziehen, Hefeteig
nochmals kurz durchkneten, in zwei
Portionen teilen, jede zu einem Kreis
von etwa 30 cm Durchmesser ausrollen,
eine Teigplatte auf das gefettete Backblech legen, mit 4–5 Eßlöffeln Zwetschenfüllung bestreichen, in die Mitte
den großen Apfel setzen, rundherum die
kleinen Äpfel, Zwetschenfüllung in und
zwischen die Äpfel geben, zweite Teigplatte darauf legen, überstehende Ränder der unteren Platte über die der
oberen Platte schlagen, festdrücken, evtl.
mit Teigresten verzieren, Blech in den
Backofen schieben

Ober-/Unterhitze *etwa 220 °C*
Heißluft *etwa 200 °C*
Gas *Stufe 3–4*
Backzeit *etwa 30 Minuten.*

Mirabellengrütze im Krokantkörbchen

(Etwa 6 Portionen)

50 g Butter	in einer Pfanne erhitzen, mit
100 g Haferflocken	vermischen, kurz rösten, mit
100 g Rohrzucker	verrühren, bis der Zucker karamelisiert ist, nach und nach
125 ml (⅛ l) Schlagsahne	unterrühren, zum Kochen bringen, kochen lassen bis die Masse fest wird, sechs Briocheförmchen mit Alufolie – blanke Seite nach innen – auslegen, Haferflockenteig hineingeben, die Masse mit einem Löffel an den Wänden zu einem Körbchen hochdrücken, auf dem Rost auf der mittleren Schiene in den Backofen schieben

Ober-/Unterhitze	*etwa 200 °C (vorgeheizt)*
Heißluft	*etwa 180 °C (nicht vorgeheizt)*
Gas	*etwa Stufe 3 (vorgeheizt)*
Backzeit	*etwa 15 Minuten*

das Gebäck abkühlen lassen, erst vor dem Füllen aus der Form nehmen.

<u>Für die Grütze</u>

500 g Mirabellen	waschen, entsteinen, mit
100 ml Aprikosensaft	zum Kochen bringen, mit
30 g Perlsago	verrühren, zum Kochen bringen, in etwa 10 Minuten ausquellen lassen, kalt stellen, die Körbchen erst vor dem Servieren mit Grütze füllen, mit
Schlagsahne	verzieren.

Mascarpone-Heidelbeer-Torte

	(Foto)
500 g Mascarpone	mit
80 g Zucker	
Saft von 1 Zitrone	zu einer glatten Creme rühren
500 g Heidelbeeren	verlesen, waschen, gut abtropfen lassen, die Mascarpone-Masse auf
2 kleine oder 1 großen Biskuit-Obsttortenboden (fertig gekauft)	streichen, die Heidelbeeren gleichmäßig darüber verteilen
3–4 EL Hagelzucker	darüber streuen.
Tip	Etwas Marzipan-Rohmasse mit Puderzucker und einigen Tropfen grüner Lebensmittelfarbe verkneten, dünn ausrollen, kleine Blättchen ausschneiden, mit einem Holzspießchen die Blattadern einritzen, die Torte damit verzieren.

Dattelquark mit Zimt

250 g Quark (20 % F. i. Tr.)	mit
3–5 EL Milch	verrühren, mit
1 TL gemahlenem Zimt	
1 EL Honig	abschmecken
125 g Datteln	halbieren, entkernen, enthäuten, in sehr kleine Würfel schneiden, unter den Quark mischen, in Portionsschälchen füllen, mit
2 EL grobgehackten Haselnußkernen	garnieren.

Kleine Gerichte & Snacks

....

Müsli und Milchreis! Darin erschöpft sich für viele die vegetarische Lebensphilosophie. Welch fatale Fehleinschätzung! Denn gerade im Kleinen ist die fleischlose Küchenkunst ganz groß. Für den Hunger zwischendurch, als morgendlicher Muntermacher oder abendlicher Appetithappen, für den wirkungsvollen Gästesnack oder den liebevollen Freundschaftsimbiß bieten sich vegetarische Leckerbissen geradezu an. Der schnell gemachte, immer frische Genuß. Der Gaumenkitzel der ganz besonderen Art. Wer seine vegetarische Visitenkarte abgeben möchte — mit den folgenden Rezepten leistet er ganz sicher Überzeugungsarbeit.

Pikantes Käse-Frischkorn-Müsli

(Foto Seite 148/149)

60 g Weizen	
60 g Nackthafer	schroten, mit
250 ml (¹/₄ l) Wasser	begießen, über Nacht im Kühlschrank quellen lassen
1 rote Paprikaschote	waschen, halbieren, Kerne und weiße Scheidewände entfernen, Paprikaschote in kleine Würfel schneiden
2 Stengel Staudensellerie	waschen, putzen, harte Fäden von der Außenseite der Stengel abziehen, die Stengel waschen, in dünne Scheiben hobeln
1 Bund Schnittlauch	abspülen, trockentupfen, fein schneiden
1 süßen, mürben Apfel	schälen, Kerngehäuse entfernen, das Fruchtfleisch reiben
150 g Hüttenkäse	mit dem Getreideschrot,
200 ml Milch	und den übrigen Zutaten vermengen, mit
Kräutersalz gemahlenem Pfeffer	abschmecken.

Pfannkuchen „Welcome Morning"

150 g kalifornische Rosinen	in
knapp 100 ml Kirschsaft	über Nacht einweichen
125 g Buchweizenmehl	mit
375 ml (³/₈ l) Milch	
4 Eiern	verquirlen, mit
Meersalz	würzen, den Pfannkuchenteig 10 Minuten quellen lassen, dann die Rosinen untermischen, in einer kleinen Pfanne (16 cm Durchmesser) jeweils etwas von
125 g Butter	erhitzen, pro Pfannkuchen 1 kleine Kelle voll Teig hineingeben, auf beiden Seiten leicht braun braten, auf einen Teller geben, heiß mit etwas Butter bestreichen, evtl. mit
braunem Zucker	bestreuen, mit
Früchten der Saison	belegen, sofort servieren.
Tip	Das Buchweizenmehl läßt sich auch durch Weizenvollkornmehl ersetzen.

Kleine Möhren-Frühstücks-Kuchen

(8 Stück-Foto)

3 Eigelb	mit
3 EL flüssigem Honig	
1 Prise Salz	
125 ml (¹/₈ l) Sonnenblumenöl	mit dem Schneebesen gut verrühren
300 g Möhren	putzen, schälen, waschen, fein reiben
3 Eiweiß	steif schlagen
2 EL Zitronensaft	hinzugeben.

Für den Teig

125 g Weizenvollkornmehl	
2 TL Backpulver	
1 TL Kardamom	
abgeriebene Schale von 1 Zitrone (unbehandelt)	mischen
	Möhren und Mehlgemisch zu der Ei-Öl-Masse geben, gut verrühren, Eischnee vorsichtig unterheben, den Teig in kleine gefettete Förmchen füllen, auf dem Rost in den Backofen schieben

Ober-/Unterhitze	180–200 °C (vorgeheizt)
Heißluft	160–180 °C (nicht vorgeheizt)
Gas	etwa Stufe 3 (vorgeheizt)
Backzeit	etwa 25 Minuten.

Bananen-Früchte-Riegel

(Foto – 10 Riegel)

Für die Füllung

6 Backpflaumen	in
Wasser	etwa 1 Stunde einweichen
4 Feigen	
1 mittelgroße Banane	schälen, Pflaumen, Feigen, Banane in kleine Stücke schneiden, mit
1 EL Kokosraspeln	
1 EL Fruchtzucker	
1 EL Rumaroma	
1 EL Zitronensaft	
gemahlenem Zimt	verrühren.

Für den Teig

1 EL Haselnüsse	
1 EL Sonnenblumenkerne	beide Zutaten in einer trockenen Pfanne etwa 10 Minuten rösten, die Haselnüsse grob hacken, mit den Sonnenblumenkernen
100 g Weizenvollkornmehl	
80 g Vollkornhaferflocken	
½ TL Backpulver	vermischen
1 Becher (150 g) Joghurt	mit
5 EL Schlagsahne	
90 g Fruchtzucker	verrühren, mit der Mehlmischung zu einem Teig verarbeiten ein Backblech mit Backtrennpapier auslegen, die Hälfte des Teiges auf 20 x 20 cm messerrückendick ausrollen, auf das Backblech legen, die Füllung auf den Teig streichen, mit dem restlichen Teig bedecken, mit
2 EL Kokosraspeln	bestreuen, das Backblech in den Backofen schieben

Ober-/Unterhitze	etwa 175 °C (vorgeheizt)
Heißluft	etwa 150 (nicht vorgeheizt)
Gas	etwa Stufe 2 (vorgeheizt)
Backzeit	etwa 35 Minuten

abkühlen lassen, in Riegel schneiden.

Pikantes Keimsprossen-
frühstück

(Für 1 Person – Foto)

30 g Dinkel	grob mahlen, über Nacht in Wasser einweichen lassen
50 g Möhren	putzen, schälen, waschen
50 g Sellerie	putzen, schälen, waschen
½ (75 g) säuerlichen Apfel	waschen, vierteln, entkernen Möhren, Sellerie und Apfel fein reiben
2 TL gehackte Zitronenmelisse	unter den Dinkel heben die Zutaten auf einem tiefen Teller anrichten
4 EL Kefir	mit
2 EL Zitronensaft	
1 EL Honig	verrühren, darauf verteilen
½ Banane	schälen, in Scheiben schneiden, mit
1 EL Zitronensaft	beträufeln, darüber geben, mit
Melisseblättchen	garnieren.

Nußmüsli
mit Weinbeeren

(10 Portionen)

100 g Hefeflocken	
100 g Weizenflocken	
50 g abgezogene, gehobelte Mandeln	
50 g gehobelte Haselnußkerne	
50 g gehobelte Pistazienkerne	
30 g geröstete Sesamkörner	
100 g ungeschwefelte Rosinen	alle Zutaten gut miteinander vermengen.
Tip	Bis zum Verzehr in einem gut schließenden Behälter aufbewahren, nach Belieben mit Joghurt, Kefir usw. servieren.

Bananensalat mit Zimtjoghurt

4 Bananen	schälen, in Stücke schneiden, mit
2 EL Zitronensaft	beträufeln
2 Orangen	schälen, in Scheiben schneiden, dann vierteln, auf 4 Tellern verteilen
125 ml Orangensaft	mit
2 EL füssigem Honig	verrühren, über die Früchte gießen
400 g Sahnejoghurt	mit
1 Päckchen Vanillin-Zucker	
1 TL gemahlenem Zimt	verrühren, über die Früchte geben, je einen von
4 EL Cornflakes	
4 TL gehackten Pistazien	auf jede Portion geben.

Birnensalat

4 mittelgroße Birnen (600 g)	schälen, vierteln, entkernen, in dünne Scheiben schneiden (4 Scheiben zum Garnieren zurücklassen)
1 Becher (150 g) Joghurt	mit
1 EL Honig	
Naturvanille	
etwas gemahlenem Zimt	verrühren, über die Birnenscheiben geben
8 gehäufte EL kernige Haferflocken (60 g)	mit
2 EL gehackten Walnuß- oder Haselnußkernen	vorsichtig unterrühren, den Birnensalat in eine Schüssel füllen, mit den zurückgelassenen Birnenscheiben garnieren.

Milchreis

200 g Rundkorn-Naturreis	waschen, auf einem Sieb abtropfen lassen *(Foto 1)*
375 ml (³/₈ l) Wasser	
375 ml (³/₈ l) Milch	in einen Topf geben, den Reis hinzufügen, mit
Meersalz abgeriebener Schale von ½ Zitrone (unbehandelt)	aufkochen, 40–45 Minuten bei geringer Hitze ausquellen lassen *(Foto 2)*
Naturvanille 30 g Butter oder 75 ml Sahne	hinzufügen, den Milchreis in tiefe Teller oder Schälchen fülllen, mit
3–4 EL Ahornsirup oder Honig	beträufeln *(Foto 3),* mit
1–2 EL gemahlenem Zimt	bestäuben
2 EL grob gehackte Haselnußkerne	über den Milchreis streuen
1 Apfel mit roter Schale	waschen, nicht schälen, vierteln, entkernen, in Spalten schneiden, mit
Zitronensaft	einreiben *(Foto 4),* damit die Apfelspalten nicht braun werden, den Milchreis damit garnieren.
Tip	Der Milchreis kann auch mit Früchten oder Fruchtsaucen serviert oder mit Mandeln und Rosinen abgewandelt werden. Als Dessert reicht die angegebene Menge für 8–10 Portionen, der Milchreis kann dann noch mit steifgeschlagener Sahne verfeinert werden.

Hafermüsli mit Banane

(Für 2 Portionen – Foto)

50 g Haferflocken	mit
2 EL Rosinen	
2 EL gehackten	
Haselnußkernen	vermischen
1 Banane	schälen, in Scheiben schneiden
1 Apfel	waschen, vierteln, das Kerngehäuse entfernen, den Apfel grob raspeln, beides mit
1 EL Zitronensaft	beträufeln
	die Müsli-Mischung mit
125 ml (⅛ l) Milch oder	
1 Becher fettarmen	
Joghurt	verrühren, Bananenscheiben und Apfelraspel locker unterheben, mit
1–2 TL Honig	süßen.

Bananenquark mit Johannisbeeren

(1 Portion)

75 g Magerquark	mit
2 EL Milch	cremig rühren
1 mittelgroße	
Banane (100 g)	schälen, 2 Scheiben zum Garnieren beiseite legen, den Rest mit einer Gabel zerdrücken, unter den Quark rühren, mit
1 TL abgeriebener Schale von 1 Zitrone (unbehandelt)	
Vanillepulver	abschmecken
je 50 g rote, schwarze und weiße	
Johannisbeeren	waschen, gut abtropfen lassen, entstielen, die Johannisbeeren mischen, in eine Glasschale füllen, die Quarkcreme darüber verteilen, zwei Vollkornkekse an den Rand stecken, den Bananenquark mit 2 Bananenscheiben garnieren.

Bananenmüsli

Am Vorabend

60 g Getreide
(Hafer, Weizen) grob schroten, in einer Glas- oder
Porzellanschüssel mit soviel
kaltem Wasser verrühren, das ein steifer Brei entsteht,
ein Tuch über die Schüssel legen, abge-
deckt bis zum Morgen stehen lassen

1 mittelgroßen
Apfel (100 g) waschen, Stiel und Blüte entfernen, fein
oder grob raspeln, sofort mit
1–2 TL Zitronensaft beträufeln
1 kleine Banane schälen, mit einer Gabel fein zerdrücken,
ebenfalls mit
1–2 TL Zitronensaft beträufeln, Apfelraspel und Bananenbrei
vorsichtig locker unter den eingeweich-
ten Getreideschrot heben, in einen
tiefen Teller füllen

1–2 EL halb-
steife Schlagsahne daraufgeben
5–6 Haselnußkerne in Scheiben schneiden, über das Müsli
streuen.

Aprikosencreme

Von

2 Orangen
(unbehandelt) die Schale abreiben, den Saft auspressen
200 g getrocknete
ungeschwefelte
Aprikosen in den Orangensaft 4–6 Stunden ausquellen lassen, anschließend mit dem
Schnellmixstab des Handrührgerätes
pürieren

3 EL Sonnen-
blumenkerne in einer Pfanne ohne Fett hellgelb rösten
2 EL Doppelrahm-
frischkäse mit
2 EL Crème fraîche verrühren, das Aprikosenmus, 1 Teelöffel
abgeriebene Orangenschale, 2 Eßlöffel
Sonnenblumenkerne,

abgeriebene Schale
von 1 Zitrone
(unbehandelt)
½ TL gemahlenen
Zimt unter die Käsemasse rühren, mit
Zitronensaft abschmecken, die restlichen Sonnenblumenkerne über die Creme streuen.

Geröstetes Frischkorn-Müsli

(Foto)

120 g Weizen	
120 g Hafer	waschen, abtropfen lassen, mit
200 ml Milch	verrühren
1 Stange Zimt	zugeben, über Nacht im Kühlschrank quellen lassen
8 frische Datteln	halbieren, entsteinen, in lange, schmale Streifen schneiden
40 g große unge-schwefelte Rosinen	waschen, abtropfen lassen
1 EL Butter	zerlassen, Körner darin etwa 7 Minuten rösten, mit Datteln, Rosinen mischen, mit
2 EL gehackten Pistazien	bestreuen, mit je
1 EL Ahornsirup	beträufeln, mit
heißer Milch	servieren.

Trocken-Frucht-Müsli

(8 Portionen)

100 g getrocknete Pflaumen	
100 g getrocknete Aprikosen	in Streifen schneiden, in wenig Wasser etwa 12 Stunden (über Nacht) ein-weichen
100 g Haferflocken	
50 g Hirseflocken	
30 g Leinsamen-schrot	
20 g gemahlenen Mohn	vermischen, die eingeweichten Früchte mit dem Einweichwasser,
100 g grob gehackten Walnußkernen	unter die Flockenmischung rühren, kurz vor dem Verzehr nach Belieben
Joghurt, Sahne oder Kefir	darübergeben.

Möhren-
flocken

(Foto)

250 g Möhren	putzen, schälen, waschen, raspeln, mit
Zitronensaft	beträufeln
2 EL Schlagsahne	mit
1 EL Zucker	verrühren, mit den geraspelten Möhren,
5 EL kernigen	
Haferflocken	vermengen.

Orangen-
flocken

(1 Portion)

2 kleine Orangen	schälen, von der weißen Haut befreien, in kleine Stücke schneiden, mit
1 EL Honig	vermengen, einige Minuten zum Saft- ziehen stehenlassen
4 gehäufte EL kernige Haferflocken	mit den Orangenstücken vermengen, in ein Schälchen geben, nach Belieben mit
1 Orangenscheibe Minzeblättchen	garnieren.

Möhrenmüsli
mit Nüssen

(Foto – 1 Portion)

100 g Möhren	putzen, schälen, waschen, reiben
1 TL Haselnußmus	in
75 ml Orangensaft	auflösen, die geriebenen Möhren hineingeben
5–6 gehackte Paranuß- oder Haselnußkerne	
1 EL ungeschwefelte Rosinen	zugeben, evtl. mit etwas
Zitronensaft	abschmecken.

Gorgonzola-
creme

120 g Sonnenblumen-kerne	in einer trockenen Pfanne unter Wenden hellbraun rösten, 100 g von den Sonnen-blumenkernen mittelgrob hacken
100 g Butter	im Wasserbad schmelzen
150 g Gorgonzola-Käse	in Stückchen schneiden, zur Butter geben, mit einem Handrührgerät mit Rührbesen zu einer glatten Masse ver-rühren, den Topf aus dem Wasserbad nehmen
4 EL Crème fraîche	unterrühren, die gehackten Sonnen-blumenkerne unterheben, mit
Meersalz gemahlenem schwarzem Pfeffer	abschmecken, die restlichen, ganzen Sonnenblumenkerne darüberstreuen.
Tip	Statt des Gorgonzolas kann auch ein anderer milder Blauschimmelkäse verwendet werden.

Kernige Hörnchen mit zwei Dips

....

(Foto – 18 Hörnchen)

<u>Für den Teig</u>

300 g Weizenmehl	
1 Päckchen Backpulver	mischen, in eine Schüssel sieben
150 g Speisequark	
6 EL Milch	
6 EL Speiseöl	
½ TL Salz	
frisch gemahlenen Pfeffer	hinzufügen

die Zutaten mit einem Handrührgerät mit Knethaken in 1 Minute zu einem Teig verarbeiten (nicht zu lange, der Teig klebt sonst)

anschließend auf der bemehlten Arbeitsfläche zu einem Rechteck von 35x35 cm ausrollen

daraus 9 Quadrate von 15x15 cm schneiden

diese nochmals in Dreiecke teilen, so daß 18 Dreiecke entstehen

dann von der Längsseite aufrollen

1 Eigelb	mit
1 EL Milch	verschlagen, die Dreiecke damit bestreichen, mit
50 g Sonnenblumenkernen	bestreuen, etwas andrücken

die Hörnchen auf ein mit Backpapier belegtes Backblech legen

Ober-/Unterhitze	*etwa 200 °C (vorgeheizt)*
Heißluft	*etwa 180 °C (nicht vorgeheizt)*
Gas	*Stufe 3–4 (vorgeheizt)*
Backzeit	*12–15 Minuten.*

<u>Für den Dip</u>

1 Bund Basilikum	
2 Stiele Thymian	
2 Bund Kerbel	abspülen, trockentupfen, die Blättchen von den Stengeln zupfen
1 Bund Schnittlauch	abspülen, trockentupfen

alle Kräuter fein schneiden

250 g Magerquark	mit
5 EL Milch	verrühren

die gehackten Kräuter unterrühren, mit

Salz	
Pfeffer	abschmecken

die Dips in die Paprikahälften füllen, zu den Hörnchen reichen.

Salbeimäuschen mit Avocadodip

··

Für den Teig

2 Eier	mit
150 g Weizenmehl	
4 EL Olivenöl	
½ TL Salz	
125 ml (⅛ l) Bier	mit einem Schneebesen verschlagen, etwa 30 Minuten stehen lassen
1 dickes Bund Salbei	abspülen, trockentupfen, etwa 25 Blättchen von den Stengeln zupfen
Olivenöl	auf 190 °C erhitzen die Salbeiblätter einzeln mit Hilfe einer Gabel durch den Ausbackteig ziehen, etwas abstreifen, dann in dem heißen Fett schwimmend goldbraun ausbacken, auf Küchenpapier abtropfen lassen.

Für den Avocadodip

2 reife Avocados	schälen, den Stein herauslösen, das Fruchtfleisch mit
4–6 EL Zitronensaft	
Salz, Pfeffer	pürieren, mit
Cayennepfeffer	abschmecken die Salbeimäuschen in den Dip tauchen.

Mozzarellatoast

··

(4–6 Personen)

Olivenöl	in einem großen Topf oder einer Friteuse erhitzen, bis ein kleines Stück Brot darin in knapp 1 Minute braun wird
1 Toastbrot	in Scheiben schneiden, mit einem Glas runde Scheiben von etwa 7 cm Durchmesser ausstechen
250 g Mozzarella-Käse	in 1 cm dicke Scheiben schneiden, die etwas kleiner als die Brotscheiben sind eine Scheibe Käse zwischen zwei Scheiben Brot legen
3 Eier	mit
3 EL von 125 ml (⅛ l) Milch	in einer Schüssel vermischen, die restliche Milch in eine zweite Schüssel gießen
1 Tasse Semmel-brösel	auf ein Küchenbrett streuen, jedes Sandwich erst in die Milch tauchen (Kanten zusammendrücken), dann die Seiten mit Bröseln panieren, in die Eimischung tauchen, im heißen Öl ausbacken, bis sie auf beiden Seiten goldbraun sind, abtropfen lassen, heiß servieren.

Avocado-Quark-Dip

(Foto)

<u>Für die Marinade</u>

1–2 EL Zitronensaft	mit
Meersalz	
gemahlenem Pfeffer	
Cayennepfeffer	
1 TL Honig	verrühren.
1 große, reife Avocado	längs halbieren, entkernen, schälen
1 große, enthäutete Fleischtomate	halbieren, den Stengelansatz heraus-schneiden, beide Zutaten auf einer großen Reibe in die Marinade raspeln
1 Zwiebel	abziehen, fein reiben, mit
200 g Magerquark	verrühren
1 kleine, rote Paprikaschote	halbieren, entkernen, die weißen Scheidewände entfernen, die Paprika-schote waschen, fein würfeln, mit
Paprika, edelsüß	
2 EL gehackter Petersilie	unter die Marinade rühren
2 EL geschälte Sonnenblumenkerne	in einer Pfanne ohne Fett goldgelb rösten, über den Dip streuen.
Tip	Zu Salatplatten, geröstetem Vollkornbrot oder Gemüse reichen.

Bunter Quarkdip

150 g Magerquark	mit
4 EL Buttermilch	verrühren
1 kleine Tomate	kurze Zeit in kochendes Wasser legen (nicht kochen lassen), in kaltem Wasser abschrecken, enthäuten, hal-bieren, den Stengelansatz heraus-schneiden, die Tomaten entkernen Tomatenfleisch und
2 Oliven	sehr fein schneiden, mit
2 TL Zwiebelwürfeln	unter den Quark rühren, mit
Salz	
frisch gemahlenem Pfeffer	
gehackten Thymianblättchen	würzen.

Quarkbrot

(Foto)

4 Scheiben Graubrot	mit
50 g Butter oder Pflanzenmargarine	bestreichen
1 Bund Schnittlauch	abspülen, trockentupfen, in feine Röllchen schneiden, die Brotscheiben damit bestreuen
2 kleine Kohlrabi	schälen, waschen, in dünne Scheiben schneiden, mit
etwas Kräutersalz	bestreuen, schuppenförmig auf die Brote legen, von
2 Bund Radieschen	die Blätter abschneiden, die Radieschen waschen, einige zum Garnieren beiseite legen, grob raspeln, mit
250 g Sahnequark	vermengen, den Radieschenquark auf die Kohlrabischeiben verteilen, die restlichen Radieschen in Scheiben schneiden, die Brote damit garnieren.

Energiebrot

(1 Portion)

1 Packung (62,5 g) Rahmfrischkäse	mit einer Gabel zerdrücken, mit
1 EL Orangensaft	glattrühren, auf
1 Scheibe (50 g) Vollkornbrot	streichen
2 große frische Datteln	längs halbieren, die Kerne entfernen, evtl. die glänzende braune Haut abziehen, die Dattelhälften in die Käsemasse drücken.

Buntes Rohkostbrot

4 Scheiben
Vollkornbrot dick mit einem Teil von
150 g Joghurt-Salat-
Creme bestreichen
1 Bund Radieschen
4 kleine Möhren
(etwa 250 g)
1 Kästchen Kresse
½ kleinen Rettich
(etwa 300 g) waschen, putzen, evtl. schälen
Radieschen in feine Scheiben schneiden,
Möhren raspeln,
Kresse vom Vlies schneiden, Rettich in
dünne Streifen hobeln

100 g Sprossen-Mix
oder beliebige
andere Sprossen waschen
die Brote zunächst je zur Hälfte reichlich
mit Kresse belegen, Radieschen, Möhren
und Rettich zu gleichen Teilen dekorativ
auf den Broten verteilen, mit 2–3 Eßlöffeln Salat-Creme garnieren
die Sprossen auf die 4 Brote streuen.

Ratgeber

Wissen ist Macht — und macht Appetit. Die vegetarische Küche hat allen Grund, das alte Sprichwort um diesen Zusatz zu bereichern. Ein paar grundsätzliche Dinge sollte man schon wissen — oder zumindest nachschlagen können — ehe der Einkaufszettel geschrieben oder mit der Zubereitung der Speisen begonnen wird. Das hat nichts mit Schulmeisterei zu tun, sondern mit der Notwendigkeit sachlicher Informationen, die ganz gezielt Wissenswertes aus einem sonst so verwirrend vielfältigen Bereich vermitteln. Ganz nebenbei: Tips und Tricks kann man immer gebrauchen. Also dann — hier ist unser Ratgeber für Sie!

Das Volk der Vegetarier...

... gibt es nicht! Die Entscheidung, sich fleischlos zu ernähren, ist zwar eine grundsätzliche, erfolgt jedoch aus den unterschiedlichsten Überlegungen heraus. Und die können nicht immer frei und unabhängig getroffen werden.

So ernährt sich ein großer Teil der Weltbevölkerung — vor allem in asiatischen und afrikanischen Ländern — zwangsläufig vegetarisch. Die Lebensumstände sind teilweise zu schlecht, um Tiere zu halten, die Armut ist zu groß, um sich Fleisch überhaupt leisten zu können. Getreide und Gemüse müssen ein Überleben sichern, das mitunter von Mangelerscheinungen geprägt ist. Nicht, weil das typisch für Vegetarismus ist, sondern weil die Zusammensetzung der Nahrung, aus welchen Gründen auch immer, zu wünschen übrig läßt.

Ganz anders gestaltet sich der Vegetarismus in den hochentwickelten Industriestaaten. Hier sind es vor allem junge Leute, die sich nach „alternativen" Lebens- und damit auch Ernährungsformen umsehen, die angesichts der zunehmenden, keineswegs appetitlichen Lebensmittelskandale weg wollen vom kritiklosen Fleischkonsum, von industriell gefertigten und mehr oder minder behandelten Nahrungsmitteln. Naturbelassen, vollwertig soll ihre Kost sein.

Aus diesem allgemein verständlichen Anspruch heraus kristallisieren sich nun die Verfechter der unterschiedlichsten Zielsetzungen. Geben die einen religiöse oder ethische Gründe für ihre Ernährungsform an — „Tiere tötet man nicht, töten ist tabu" — folgen andere lieber naturwissenschaftlichen Aspekten: „Ohne Fleisch verringert sich der Fett- und Schadstoffgehalt im Körper." Eine dritte Gruppe gibt sich lieber ökologisch und doziert „Vegetarier schonen die natürlichen Ressourcen". Eine vierte hat vor allem gesundheitliche Konsequenzen im Blick: „Der Körper wird durch die vegetarische Kost gereinigt, erhält mehr Abwehrkräfte!"

Dann gibt es die Philosophen, die mit dem Verzicht auf Fleisch dem „Menschen eine gedankliche Fortentwicklung" attestieren. Und schließlich sind da noch die ganz Pragmatischen, die längst erkannt haben, daß eine vegetarische, saisonorientierte Ernährung nicht nur gesund, sondern auch preiswert ist. Sie sparen Geld, ohne auf Genuß verzichten zu müssen.

Kohlenhydrate

Kohlenhydrate werden in der Natur von Pflanzen gebildet und kommen daher überwiegend in pflanzlicher Nahrung vor. Die Pflanze baut Kohlenhydrate mit Hilfe des Sonnenlichts aus Kohlen- und Wasserstoff auf. Hauptlieferanten für Kohlenhydrate (Zucker) sind Getreide, Kartoffeln, Gemüse und Obst. Folgende Zucker werden unterschieden:

EINFACHZUCKER: Trauben- und Fruchtzucker z. B. im Obst.
ZWEIFACHZUCKER: Milchzucker, Malzzucker, Rohr- und Rübenzucker (aus diesen wird Haushaltszucker hergestellt).
MEHRFACHZUCKER: Stärke, Cellulose, Pektin.
Die Kohlenhydrate der Nahrung werden nach der Aufnahme im menschlichen Körper — mit Ausnahme der Ballaststoffe Cellulose und Pektin — wieder in Einfachzucker zerlegt. Die Einfachzucker werden in die Leber und von da aus über das Blut in den Muskel transportiert. Dort wird der Zucker verbrannt und dient so als Energiequelle. Wenn keine Energie benötigt wird, kann der Zucker als Glykogen in der Leber und im Muskel gespeichert werden. Sobald die Muskelspeicher gefüllt sind, wird, wenn man sich nicht bewegt, der Zucker zu Fett umgebaut und sorgt als Fettgewebe für mehr oder weniger gewollte Rundungen. Kohlenhydrate in Form von Getreide, Gemüse und Obst liefern im Gegensatz zu isoliertem Zucker (z. B. Haushaltszucker) gleichzeitig Vitamine.

Getreide enthält besonders viele B-Vitamine; die Vitamine die für den Kohlenhydrat-Abbau benötigt werden, werden also gleich mitgeliefert. Kohlenhydrate in Form von Getreide, Kartoffeln, Gemüse und Obst sollten etwa 60 % der Energie liefern, die der Mensch täglich braucht. Zucker in Form von Süßigkeiten und Limonaden sollten gemieden werden.

Ballaststoffe

Zu den Ballaststoffen zählen alle pflanzlichen Stoffe, die vom menschlichen Organismus nicht abgebaut werden können. Zu ihnen gehören die Faserstoffe Cellulose, Lignin und Hemicellulose sowie der Quellstoff Pektin. Reich an Ballaststoffen sind Getreide, Gemüse, Obst, Hülsenfrüchte und Kartoffeln. Ballaststoffe sind entgegen ihrer Bezeichnung kein Ballast, sondern haben eine ausgesprochen positive Wirkung auf den Körper. Sie bewirken eine Verlängerung des Kauvorgangs: Die Speise wird gründlicher mit dem Speichel durchsetzt. Durch ihr Quellvermögen sorgen sie für eine längere Verweildauer der Speisen im Magen: Das Sättigungsgefühl hält länger an. Die Kohlenhydrate kommen nicht so schnell in die Blutbahn und der Blutzuckergehalt steigt nicht so schnell und hoch an. Darüber hinaus können Ballaststoffe überschüssige Magensäure binden. Ihr Quellvermögen sorgt für eine Vergrößerung des Stuhlvolumens. Dadurch wird die Darmtätigkeit angeregt, giftige Stoffe werden schnell aus dem Körper befördert, der Druck auf den Darm nimmt ab. Ballaststoffe sind zudem in der Lage, freie Gallensäuren im Darm zu binden. Sie können nicht mehr in die Leber gelangen. Zur Bildung neuer Gallensäuren wird dann Cholesterin verwendet und der Blutcholesterinspiegel sinkt. Um Zivilisationskrankheiten wie Verstopfung, Übergewicht, Arteriosklerose, Bluthochdruck, Gastritis, Diabetes und Dickdarmkrebs vorzubeugen oder um sie zu lindern, sollte die Nahrung reichlich Vollkornprodukte und Frischobst enthalten.

Eiweiß

Eiweiß (in der Fachsprache: Protein) ist der wichtigste Baustoff des Körpers: Alle Zellen des Körpers enthalten Eiweiß. Die Enzyme, die der Körper braucht, damit alle biologischen Funktionen ablaufen können, enthalten ebenfalls Eiweiß. Da der Körper seine Zellen ständig erneuert und kaum Eiweiß speichern kann, muß es täglich zugeführt werden. Empfohlen werden 10–12% des Gesamtenergiebedarfs. Das entspricht etwa 0,8 g pro Kilogramm Körpergewicht bei Erwachsenen.

Es gibt pflanzliches und tierisches Eiweiß: Reich an PFLANZLICHEM EIWEISS sind Hülsenfrüchte, Getreide und Nüsse. TIERISCHES EIWEISS ist in Fleisch, Eiern, Fisch, Milch und Käse enthalten.

Proteine setzen sich aus Aminosäuren zusammen. Es gibt 20 verschiedene, davon sind 8 Aminosäuren für den Menschen essentiell, d. h. müssen mit der Nahrung zugeführt werden. Proteine werden wieder in Aminosäuren zerlegt und in körpereigenes Eiweiß umgebaut. Je mehr die Zusammensetzung des Nahrungseiweiß dem Bedarf des Menschen entspricht, um so höher ist die „Biologische Wertigkeit" des Eiweiß. Die höchste hat tierisches Eiweiß, angeführt von Ei und Milch. Die biologische Wertigkeit kann durch Kombinationen bestimmter Lebensmittel gesteigert werden. So kann eine ausreichende Versorgung mit allen essentiellen Aminosäuren gewährleistet werden, auch wenn überwiegend pflanzliche Lebensmittel verzehrt werden.

Fette

Fette (in der Fachsprache: Lipide) haben zwei wichtige Funktionen für den Organismus. Sie liefern Energie und sind Träger der fettlöslichen Vitamine.
Zu den sichtbaren Fetten zählen:
PFLANZLICHE FETTE: Pflanzenöl und Pflanzenmargarine.
TIERISCHE FETTE: Butter, Schweineschmalz, Rindertalg.
Dazu kommen die unsichtbaren Fette in Fleisch und Wurst, Milch, Käse, Eiern und Nüssen.
Fette setzen sich aus zwei Bestandteilen (Glycerin und Fettsäuren) zusammen. Sie werden nach der Aufnahme wieder in ihre Bestandteile zerlegt. Fettsäuren werden weiter aufgespalten und dann in Energie umgewandelt. Bewegt sich der Mensch zu wenig oder nimmt er zuviel Fett auf, wird das Fett in Fettzellen gespeichert.
Es gibt gesättigte und ungesättigte Fettsäuren. Zu den ungesättigten Fettsäuren gehören die Linol-, Linolen- und Arachidonsäure. Die Linolsäure ist für den Menschen essentiell, d. h. sie ist lebensnotwendig und muß dem Körper zugeführt werden, da er sie nicht selbst produzieren kann.
Linolsäure ist ein Baustein für die Zellmembran, d. h. die Hülle, die jede Zelle des Körpers, von der der Mensch rund 100 Billionen hat, umschließt.
Bei Mangel kommt es zu Hautveränderungen. Reich an Linolsäure sind kaltgepreßte Pflanzenöle. Es wäre jedoch falsch, ein Fett nur nach seinem Gehalt an essentiellen Fettsäuren zu beurteilen. Wichtig ist, daß es möglichst naturbelassen ist. Gesättigte Fettsäuren finden sich primär in tierischen Lebensmitteln; bei tierischen Fetten kommt als Begleitstoff Cholesterin hinzu. Cholesterin wird aber nicht nur mit der Nahrung aufgenommen, sondern auch vom menschlichen Körper selbst

produziert. Cholesterin wird für die Bildung von Gallensäuren, Hormonen und zum Aufbau der Zellmembran benötigt. Da Cholesterin als Risikofaktor für Arteriosklerose gilt, wird empfohlen, weniger als 250–300 mg täglich zu sich zu nehmen. Auch bei völlig cholesterinfreier Kost ist ein ausreichender Blutcholesterinspiegel vorhanden, da der Organismus automatisch mehr produziert. Der Fettverzehr sollte auf etwa 70 g pro Tag beschränkt werden.

Fette und Öle

Fette und Öle sind Träger wichtiger essentieller Substanzen wie fettlöslicher Vitamine und ungesättigter Fettsäuren. Damit diese Inhaltsstoffe weitestgehend erhalten bleiben, sollten Speisefette und Öle naturbelassen sein.

KALTPRESSUNG: Samen und Ölfrüchte werden kaltgepreßt. Durch den Druck entstehen Temperaturen von maximal 40 °C. Kaltgepreßte Öle werden lediglich gefiltert und sind unraffiniert. Sie sind naturbelassen, entsprechen von der Zusammensetzung der Fettbegleitstoffe weitestgehend den Ölsaaten und sind daher für die vegetarische Ernährung zu empfehlen.

WARMPRESSUNG: Um eine höhere Ausbeute zu erzielen, wird der Druck erhöht. Es entstehen Temperaturen von etwa 60 °C. Da hierbei auch unerwünschte Begleitstoffe ins Öl gelangen, muß es raffiniert werden.

HEISSPRESSUNG: Die Temperatur ist noch höher als bei der Warmpressung, um die Fette zu verflüssigen und die Ausbeute zu steigern. Die Öle müssen raffiniert werden.

EXTRAKTION: Das Öl wird mit Hilfe von Lösungsmitteln extrahiert, d. h. aus den Samen und Ölfrüchten herausgelöst. Auch bei diesem Verfahren gelangen unerwünschte Substanzen in das Öl, es muß raffiniert werden.

RAFFINATION: Durch chemische Behandlung werden die unerwünschten Begleitstoffe entfernt. Das Öl wird zum Teil gebleicht und durch Dämpfen wird Geruchlosigkeit erreicht. Dabei wird jedoch gleichzeitig ein Großteil der fettlöslichen Vitamine zerstört.
HÄRTUNG: Durch die Härtung von Fetten wird bewirkt, daß flüssige Öle zu festem Fett, z. B. Plattenfett oder Margarine werden. Um den Verlust von Vitaminen und ungesättigten Fettsäuren auszugleichen, werden sie häufig nachträglich wieder zugesetzt. Dies darf jedoch nicht darüber hinwegtäuschen, daß es sich nicht mehr um naturbelassene Nahrungsmittel handelt. In den letzten Jahren wurde viel und heftig über das Für und Wider tierischer und pflanzlicher Fette diskutiert. Dabei wurde die Butter häufig verteufelt. Zu ihrer Ehrenrettung muß folgendes gesagt werden: Butter wird aus Milch gewonnen. Sie ist reich an Vitaminen und ist leicht verdaulich. Sie besitzt über 200 verschiedene Fettsäuren, darunter auch ungesättigte. Bei Butter wurde immer wieder der hohe Cholesteringehalt bemängelt. Die Cholesterinmenge, die mit Butter zugeführt wird, ist jedoch üblicherweise relativ gering. Die Befürworter ausschließlich pflanzlicher Öle führten den hohen Gehalt an ungesättigten Fettsäuren ins Feld, der mit dazu beitragen soll, die Blutfettwerte zu senken. Dieser Effekt ist jedoch begrenzt und umstritten.

Mineralstoffe und Spurenelemente

Mineralstoffe und Spurenelemente sind lebensnotwendige anorganische Substanzen. Sie unterscheiden sich nur in der Menge, in der sie im menschlichen Körper vorhanden sind und täglich mit der Nahrung zugeführt werden müssen. Mineralstoffe sind lebensnotwendig für den Wasserhaushalt (Kalium und Natrium), für die Bildung des Blutes und den Sauerstofftransport (Eisen) und für die Bildung der Knochen und Zähne (Calcium). Im Gegensatz zu den übrigen Nährstoffen werden Mineralstoffe und Spurenelemente im Organismus weder produziert noch verbraucht. Da jedoch bei jedem Flüssigkeitsverlust des Körpers Mineralstoffe abgegeben werden, müssen die Verluste durch die Nahrung wieder ausgeglichen werden. Der Bedarf an Eisen kann durch Vollkornprodukte und reichlich Frischobst, der Bedarf an Calcium durch Milch und Milchprodukte gedeckt. werden.

Vitamine

Vitamine sind essentielle Nahrungsbestandteile: Sie wirken zusammen mit Enzymen und Hormonen im Stoffwechsel und sind für den Ablauf der Lebensfunktionen unentbehrlich. Vitamine werden in zwei Gruppen unterteilt: in die FETTLÖSLICHEN VITAMINE: A, D, E und K und die WASSERLÖSLICHEN VITAMINE: B_1, B_2, B_6, B_{12}, C, Folsäure, Panthothensäure, Niacin und Biotin. Ein Mangel an einem oder mehreren Vitaminen führt zu Störungen im Stoffwechsel. Um dies zu vermeiden, ist es wichtig, sich möglichst ausgewogen und mit vollwertigen, naturbelassenen Lebensmitteln zu ernähren. Denn durch Be- und Verarbeitung einiger Lebensmittel, beispielsweise das Ausmahlen von Getreide zu weißen Mehlen, wird der größte Teil der Vitamine entfernt. Vitamine sind empfindlich gegenüber äußeren Einflüssen: Sie werden zerstört durch Licht, Luft und Wärme. Die wasserlöslichen Vitamine können durch Wasser beim Waschen und Kochen ausgeschwemmt werden. Lebensmittel sollten daher so schonend wie möglich zubereitet werden. Bei den fettlöslichen Vitaminen ist darauf zu achten, daß sie zusammen mit Fett verzehrt werden, damit sie vom Körper aufgenommen werden können.

VITAMIN A ist in tierischen Lebensmitteln enthalten und liegt in pflanzlichen Lebensmitteln als Provitamin, den Carotinoiden, vor, welche im Körper zu Vitamin A umgebaut werden: Vitamin A ist am Sehprozeß beteiligt und wichtig für die Zellmembranen. ß-Carotin kommt in gelbem Gemüse (Möhren) und Früchten, Blättern, frühem Gemüse, Weizen; Vitamin A in Milch, Öl, Eigelb, Butter, Leber vor. Mangel führt zu Störungen des Sehprozesses und zu Hautveränderungen.
Die D-VITAMINE werden direkt oder als Vorstufe mit der Nahrung aufgenommen und im Körper durch Sonneneinstrahlung in ihre Wirkform umgebaut. Sie sind an der Knochenbildung beteiligt. Vitamin D kommt in Pilzen, Spinat, Kohl und Weizenkeimöl, Meeresfischen, Lebertran, Milch, Milchprodukten, Butter, Eiern vor, die Provitamine in Hefe. Mangel führt zu Knochenveränderungen.
VITAMINE E schützt die ungesättigten Fettsäuren vor Zersetzung. Es kommt in Getreide, Keimölen, Vollkornprodukten, Blattgemüsen, Leber, Eigelb und Butter vor. Mangelerscheinungen sind äußerst selten.

VITAMIN K ist ein wichtiger Faktor bei der Blutgerinnung. Es kommt in Kohl, Sojabohnen, Spinat, Tomaten, Kartoffeln. Weizen, Eier, Leber, Nieren vor. Mangel führt zu einer Verlängerung der Blutgerinnung, Zahnfleischbluten, verstärkten Blutungen bei Operationen.

VITAMIN B_1 ist ein Coenzym beim Kohlenhydratabbau. Es kommt in Getreide, Naturreis, Blattgemüse, Kohl, Erbsen, Kartoffeln, Nüssen, Hefe, Fleisch vor. Mangel führt zu Müdigkeit, verminderter Leistungsfähigkeit, Muskelschwäche und Nervenstörungen.

VITAMIN B_2 ist ein Coenzym im Kohlenhydrat-, Fett- und Eiweißstoffwechsel. Es kommt in Blumenkohl, Bohnen, Nüssen, Getreidekeimen, Hefe, tierischen Lebensmitteln vor. Mangel führt zu Haut- und Schleimhautveränderungen.

VITAMIN B_6 ist ein Coenzym im Eiweißstoffwechsel. Es kommt in Getreide, grünem Gemüse, Hefe, tierischen Lebensmitteln vor. Mangelerscheinungen sind äußerst selten.

VITAMIN B_{12} ist ein Coenzym im Eiweißstoffwechsel, bei der Bildung von Zellen und roten Blutkörperchen. Es kommt in tierischen Lebensmitteln, Hefe, Sauerkraut vor. Mangel führt zu einer Störung der Zellbildung, besonders der roten Blutkörperchen (Anämie) und zu Nervenstörungen.

VITAMIN C ist mit verantwortlich für die Bildung und Erhaltung des Bindegewebes, für die Elastizität der Kapillargefäße und die Stärkung des Immunsystems. Es kommt in frischem Obst und Gemüse vor; vor allem in Zitrusfrüchten, Paprika, Petersilie, schwarzen Johannisbeeren, Erdbeeren, Sanddorn, Kartoffeln,

Kohl vor. Mangel führt zu Müdigkeit, Leistungsminderung, Blutungsneigung im Zahn- und Hautbereich und Anfälligkeit gegen Infektionen.

NIACIN ist ein Coenzym bei der Energiegewinnung. Es kommt in Fleisch, Innereien, Hefe, Kartoffeln, Getreide vor. Mangel führt zu Haut- und Schleimhautveränderungen, Nervenstörungen.

FOLSÄURE ist ein Coenzym bei der Bildung von Aminosäuren. Es kommt in grünem Gemüse, Hefe und Innereien vor. Mangel führt zu Störungen der Blutbildung, Haut- und Schleimhautveränderungen.

PANTHOTHENSÄURE spielt eine wichtige Rolle als Coenzym bei der Energiegewinnung, bei der Spaltung der Fettsäuren und bei der Bildung von Cholesterin. Es kommt in fast allen Lebensmitteln vor.

BIOTIN ist wichtig für die Bildung von Haut und Haaren. Es kommt in Getreide, Eiern, Hefe, Innereien vor.

Gemüse und Obst

Obst und Gemüse enthalten besonders viel Vitamine und Mineralstoffe und tragen damit entscheidend zur Bedarfsdeckung bei. Gemüse und Obst sind ausgesprochen gute Ballaststofflieferanten. Zudem enthalten sie Geschmacks- und Aromastoffe, die die Stoffwechselvorgänge unterstützen. Gemüse und Obst haben für Vegetarier eine besondere Bedeutung: Sie können roh verzehrt werden. Dadurch bleiben die Inhaltsstoffe, die zum Teil durch Hitzeeinwirkung zerstört werden, fast vollständig erhalten. Es wird daher empfohlen, die

Hälfte der täglichen Kost als Frischkost, den Rest in erhitzter Form aufzunehmen. Zur Frischkost zählen außer Gemüse und Obst noch Frischkorn, Nüsse, Milch und Milchprodukte sowie kaltgepreßte Pflanzenöle. Die Hälfte der Frischkost, also ein Viertel der Nahrung, sollte aus Gemüse und Obst bestehen. Weitere Vorteile von Gemüse und Obst sind der geringe Energiegehalt und der hohe Sättigungswert durch ihren Ballaststoffgehalt.

MILCHSAUER EINGELEGTES GEMÜSE: Bei dieser Methode entsteht durch die Milchsäuregärung beispielsweise beim Sauerkraut Vitamin B_{12}, das ansonsten ausschließlich in tierischen Lebensmitteln und Hefen vorkommt. Diese Methode ist daher positiv zu bewerten.

TROCKENOBST: Beim Trocknen von Früchten wird der Vitamin C-Gehalt stark vermindert und durch Schwefeln von Trockenobst wird Vitamin B_1 zerstört. Beim Kauf von Trockenfrüchten sollte daher darauf geachtet werden, daß die Ware nicht geschwefelt ist.

OBST- UND GEMÜSEKONSERVEN: Durch die Hitzebehandlung wird ein Teil der Vitamine zerstört. Außerdem wird bei Gemüse häufig Salz und bei Obstkonserven, auch bei Säften, Zucker zugesetzt. Deshalb sollte der Verzehr von Obst- und Gemüsekonserven eingeschränkt werden und naturbelassene Obst- und Gemüsesäfte ohne Zucker- und Wasserzusatz bevorzugt werden.

TIEFGEFRIEREN ist neben Einsäuren die schonendste Konservierungsmethode. Vitamine werden durch Kälte kaum zerstört. Obst und Gemüse werden meist gleich nach der Ernte verarbeitet und haben dadurch z. T. mehr Inhaltsstoffe als Gemüse, das frisch auf dem Markt gekauft wurde und dann tagelang gelagert wird. Gemüse und Obst werden meist pur, also ohne Zusatzstoffe, tiefgefroren.

Getreide

Getreide wie Roggen, Weizen, Gerste, Reis, Hirse und Mais sind seit Jahrtausenden die Nahrungsgrundlage der Menschen. Getreide enthält außer seinem hohen Anteil an Kohlenhydraten wertvolles Protein, ungesättigte Fettsäuren, Mineralstoffe, die Vitamine B_1, B_2, B_6, E, Folsäure, ß-Carotin und einen hohen Anteil an Ballaststoffen.

Der MEHLKÖRPER enthält vorwiegend Stärke und hochwertiges Eiweiß (Klebereiweiß).

Der KEIMLING, der sich seitlich am Mehlkörper befindet, enthält Eiweiß, Fett, Vitamine und Mineralstoffe.

Die ALEURONSCHICHT, die den Mehlkörper umgibt, enthält Öltröpfchen, Reserveeiweiß, Vitamine und Mineralstoffe.

Die FRUCHTSCHALE, die die Aleuronschicht umgibt, gibt dem Getreidekorn Schutz gegen äußere Einflüsse. Ballaststoffe, Cellulose und Mineralstoffe sind in der Fruchtschale ebenfalls enthalten.

Bei der Herstellung von Mehl werden entweder das ganze Korn oder nur Teile des Korns vermahlen. Mehle werden nach dem Ausmahlungsgrad in Typen unterteilt. Die Mehltype gibt den Mineralstoffgehalt in mg pro 100 g Mehltrockensubstanz an. Je höher ein Mehl ausgemahlen ist, beispielsweise Type 1700, desto mehr mineralstoffhaltige Randschichten, Vitamine und Ballaststoffe enthält es. Dem gegenüber stehen die niedrig ausgemahlenen Auszugsmehle mit niedriger Type wie Weizenmehl

Type 405. Diese Mehle bestehen in erster Linie aus Stärke und Klebereiweiß. Klebereiweiß besitzt zwar ausgezeichnete Backeigenschaften, sein Gehalt an essentiellen Aminosäuren ist jedoch gering. Es ist daher ernährungsphysiologisch weniger wertvoll. Beim Backen kann es jedoch sinnvoll sein, Vollkornmehle und niedrig ausgemahlene Mehle zu mischen, um die Backeigenschaften des Vollkornmehls zu verbessern.

Die Verzehrgewohnheiten haben sich seit der Jahrhundertwende von den Vollkornmehlen weg zu den Auszugsmehlen hin geändert. Ein Grund neben den guten Backeigenschaften von Auszugsmehlen war, daß weißes Brot ein Privileg der Reichen war. Zum anderen entstanden durch die Ballungsräume Großmühlen. Der Transportweg des Mehles wurde länger, es mußte lagerfähig sein. Deshalb wurden verderbliche Bestandteile wie Keimling und Aleuronschicht und damit auch die Fruchtschale entfernt. Dies hatte einen erheblichen Verlust an essentiellen Fett- und Aminosäuren, Vitaminen, Mineralstoffen und Ballaststoffen zur Folge.

Um den Mangel an Ballaststoffen, der unter anderem zur Verstopfung führt, auszugleichen, nehmen viele Menschen Kleie zu sich. Welch ein Widerspruch, wenn man bedenkt, daß die Kleie, die aus der Fruchtschale gewonnen wird, vorher vom Korn entfernt wurde! Für eine gesunde Ernährung werden daher Produkte aus dem vollen Getreidekorn wie Vollkornbrot, -nudeln, -gebäck und -flocken und Speisen aus erhitzten Getreidekörnern wie Weizen, Roggen, Gerste, Grünkern, Naturreis, Mais und Hirse empfohlen. Da durch Erhitzen, durch Kochen und Backen, ein Teil der Vitamine und Aminosäuren zerstört wird, sollte zusätzlich unerhitztes Getreide in Form von Frischkorn-Müsli aufgenommen werden.

Getreidearten

WEIZEN ist das Korn und Brotgetreide schlechthin. Er enthält besonders viel Klebereiweiß, weshalb er für die Brot- und Gebäckherstellung besonders geeignet ist. Weizenmehl wird beim Backen den anderen Getreidearten beigemischt, um die Backeigenschaften zu verbessern. Weizen enthält Kalium, Phosphor, Magnesium und Vitamine des B-Komplexes.

ROGGEN wird überwiegend zur Brotherstellung verwendet. Er enthält hochwertiges Eiweiß, Kalium, Phosphor, Magnesium und Calcium.

GERSTE wird meist in flüssiger Form verzehrt, als Bier. Wie Hafer besitzt sie festhaftende Spelzen. Gerste enthält viel Eiweiß, ist reich an Kalium, Phosphor, Magnesium und Vitamin B.

HAFER ist ein Getreide, das besonders in Nordeuropa wächst. Früher hatte der Hafer festsitzende Spelzen, die in den Mühlen entfernt wurden. Heute gibt es spelzenlosen Nackthafer oder Sprießkornhafer. Er wird im Handel als Grütze, Mehl und Flocken angeboten. Hafer ist reich an Eiweiß, Vitaminen und Mineralstoffen, z. B. Kieselsäure.

DINKEL ist der Urahn unseres heutigen Weizens und wird auch Spelzweizen genannt. Er enthält besonders viel Klebereiweiß, Calcium und Phosphor. Er hat gute Backeigenschaften.

GRÜNKERN ist halbreif geernteter Dinkel. Das Getreide wird nach der Ernte vorsichtig getrocknet. Zum Backen wird es als Mehl verwendet. Der Grünkern enthält Calcium und Phosphor.

HIRSE war einst das Symbol für die tägliche Nahrung, was in dem Märchen vom überquellenden Hirsebrei zum Ausdruck kommt. Hirse enthält viel Mineralstoffe, vor allem Phosphor, Magnesium, Eisen und Vitamine des B-Komplexes und Kieselsäure.

BUCHWEIZEN ist kein Getreide sondern ein Knöterichgewächs. Buchweizen ist zum Kochen und Backen gut geeignet, allerdings empfiehlt es sich, das Buchweizenmehl beim Backen mit Weizenmehl zu vermischen. Er ist reich an Mineralstoffen, Vitaminen und Lecithin.

MAIS ist frisch geerntet ein Gemüse, sogar ein besonders wohlschmeckendes. Wenn er ausgereift und getrocknet ist, ist er ein Getreide, das gemahlen oder geschrotet wird. Wegen des Fehlens von Klebereiweiß ist er nur bedingt backfähig und wird häufig mit anderen Getreidearten vermischt. Mais hat einen hohen Fettgehalt und ist daher nicht sehr lange haltbar.

REIS ist seit 5000 Jahren bekannt und dient im fernen Osten als Hauptnahrungsmittel. In Europa kann es die heimischen Getreide nicht ersetzen, es ist jedoch eine gute Ergänzung es Speisezettels. Reis ist leicht verdaulich. Ungeschälter Reis, d. h. Reis mit Keimling und Silberhäutchen ist besonders wertvoll. Je nach Gericht wird Langkorn- oder Rundkornreis verwendet. Rundkornreis eignet sich besonders für Süßspeisen. Reis enthält die Vitamine B_1 und B_2 und Kalium.

Hülsenfrüchte

Hülsenfrüchte sind die eiweißreichsten pflanzlichen Lebensmittel. Sie haben einen hohen Gehalt an Vitaminen, insbesondere an B-Vitaminen und Folsäure, und den Mineralstoffen Eisen und Calcium. Zudem enthalten Hülsenfrüchte die unverdaulichen Stoffe Cellulose und Pektin und tragen damit zur besseren Ballasttoffversorgung bei. Es ist daher bedauerlich, daß der Verzehr von Hülsenfrüchten gerade in den letzten Jahren stark abgenommen hat. Und dies, obwohl Hülsenfrüchte eine außerordentliche Sortenvielfalt bieten. Hülsenfrüchte enthalten einige Stoffe, die für den Menschen unverträglich sind, diese werden jedoch durch Hitzeeinwirkung, bei mindestens 15-minütigem Kochen, zerstört. Es ist also sinnvoll, auch frische Hülsenfrüchte wie Filetböhnchen oder Zuckererbsen zu garen.

BOHNEN stellen die größte Gruppe der Hülsenfrüchte dar: Weiße und grüne (Flageolets) Gartenbohnen, rote Kidneybohnen, die großen cremefarbigen Limabohnen, die beigebraun gesprenkelten Wachtelbohnen und die aus Asien stammenden Sojabohnen sowie die olivgrünen Mungobohnen.

ERBSEN: Neben der bei uns beheimateten Gartenerbse, die frisch, als Zuckererbse oder getrocknet angeboten wird, ist die Kichererbse zu erwähnen. Sie ist beige, hat die Form einer Haselnuß und einen nussigen Geschmack. Die Kichererbse ist in Asien und im Mittelmeerraum beheimatet.

LINSEN: Man unterscheidet nach der Farbe grüne, gelbe, braune und rote Linsen. Die halbierten roten Linsen sind ein Grundnahrungsmittel im gesamten asiatischen Raum. Sie wurden zuerst in türkischen Läden angeboten, sind mittlerweile aber auch im Supermarkt und im Reformhaus zu haben.

SOJABOHNEN nehmen wegen ihres hohen Gehalts an Eiweiß und Fett eine Sonderstellung unter den Hülsenfrüchten ein.

Sojabohnen sind die Ausgangsbasis für zahlreiche Produkte. In ostasiatischen Ländern ist die Sojabohne von jeher eine der wichtigsten Eiweißquellen. Sie wird als Gemüse genossen oder wie bei der Käseherstellung zu einer quarkähnlichen Masse (Tofu) verarbeitet und zu Speisewürze, der Sojasauce, fermentiert. Aus Sojabohnen wird Öl gewonnen. Daneben gibt es die industriell hergestellten Sojaprodukte: Sojafleisch und -wurst. Sie werden aus fettarmem Sojaschrot hergestellt, das bei der Sojaölgewinnung abfällt. Das sehr eiweißhaltige Sojaschrot wird mehreren chemischen Verfahren unterzogen, wobei das Eiweiß isoliert wird. Diese Konzentrate werden dann zu Fäden versponnen und zu Fleisch gepreßt. Je nach Geschmacksrichtung können auch Farb- und Aromastoffe, Gewürze, Kohlenhydrate, Fette und Aminosäuren hinzugefügt werden. Auch wenn zunächst Vorteile wie niedriger Fett- und Energiegehalt, hohe biologische Wertigkeit des Eiweißes und große Variationsmöglichkeiten hervorstechen, lehnen die Befürworter der Vollwerternährung Sojafleisch und -wurst ab: Sie stellen für sie durch das industrielle Verarbeitungsverfahren extrem nahrungsverfremdete Produkte dar.

Keimlinge

Samenkörner wie Getreide, Hülsenfrüchte und Kräutersaaten besitzen eine Keimanlage, die reich an Fett und Eiweiß ist. Beim Keimen werden die im Korn enthaltenen Kohlenhydrate zu Zweifachzucker, Eiweiß zu Aminosäuren und Fett zu löslichen Wirkstoffen abgebaut. Es findet also eine Vorverdauung statt. Dabei kommt es zu einer Anreicherung von Vitaminen, Enzymen und Chlorophyll. Die Mineralstoffe werden leichter verfügbar. Zudem verringert sich der Kaloriengehalt. Keimlinge sind daher eine Bereicherung des täglichen Speiseplans und kommen garantiert aus „biologischem Anbau". Ab einem bestimmten Zeitpunkt verbraucht der Keim jedoch seine wertvollen Inhaltsstoffe, um weiterwachsen zu können. Es ist daher wichtig, die Keime zum richtigen Zeitpunkt zu ernten. Zum Keimen eignen sich Getreidekörner, Hülsenfrüchte, schwarzer und weißer Senf, Alfalfa (Luzerne), Fenchel, Kresse, Kürbis- und Sonnenblumenkerne, sowie Rettich. Sie müssen natürlich noch keimfähig sein, das heißt, sie dürfen keiner Hitzebehandlung unterzogen worden sein. Achten Sie beim Kauf darauf. Die Samen werden zunächst in stehendem Wasser gewaschen und je nach Sorte über Nacht oder für einige Stunden eingeweicht. Nach der Einweichzeit werden die Samen nochmals abgespült und in ein Einmachglas gegeben. Das Glas sollte nur zu einem Viertel gefüllt sein, da sich die Samen beim Keimen vergrößern. So ist auch eine ausreichende Sauerstoffzufuhr gewährleistet. Das Glas wird mit Gaze und einem Gummiring verschlossen und umgekehrt auf ein Gitter gestellt. Optimal ist eine Temperatur von 21 °C und indirektes Licht. Die Keime sollten ein- bis zweimal täglich abgespült werden, damit sie genügend Sauerstoff bekommen.

Keime	Einweichzeit in Stunden	Keimzeit in Tagen	Keimlänge in cm	Geschmack/Besonderheiten
Alfalfa	5–6	5	3	mild-herb; besonders vitaminreich
Bohnen	12	5	1–2	mild; eiweißreich
Erbsen	12	3	Erbsenlänge	sehr süß; eiweißreich
Gartenkresse	6	8	3–4	herb-pikant; reich an Vitamin C
Gerste	12	2–3	Kornlänge	süßlich; reich an Kieselsäure
Hafer	4	2–3	Kornlänge	mild; reich an Jod und Fluor
Hirse	8	3	0,2	süßlich; reich an Eiweiß und Fluor
Kichererbsen	12	3	0,5	mehlig-mild; eiweißreich; überkeimt bitter
Kürbis	12–16	3	0,3	nussig; nach dem Keimen Schalen entfernen
Leinsamen	4	2	Samenlänge	nussig
Linsen	12	3	2	mehlig-nussig, eiweißreich
Mungobohnen	12	5	1–2	mild-gemüsig; eiweißreich
Reis	12	3	Kornlänge	zart
Roggen	12	2–3	Kornlänge	mild, geröstet nussig; fluorhaltig
Senf	12	6–12	2–4	milde Schärfe; verdauungsfördernd
Sojabohne	12	3	1	saftig-neutral; eiweißreich
Sonnenblumenkerne	12	2	Kornlänge	mild; enthalten Vitamin D, überkeimt bitter
Weizen	12	2–3	Kornlänge	süßlich, geröstet, nussig; enthalten hochwertige Fette und B-Carotin

Kräuter und Gewürze

Schon im Altertum wurden Kräutern und Gewürzen magische Kräfte nachgesagt. Die positive Wirkung von Kräutern und Gewürzen auf den Organismus ist mittlerweile wissenschaftlich belegt. Kräuter und Gewürze fördern die Verdauungsvorgänge: Sie regen den Appetit und die Sekretion von Verdauungssäften an. Petersilie und Wacholder wirken harntreibend und entschlackend. Knoblauch regt die Gallensaftbildung an und hilft dadurch bei der Verdauung fetter Speisen. Er wirkt außerdem bakterienhemmend, wie übrigens alle Lauch- und Zwiebelgewächse. Knoblauch ist zudem blutdrucksenkend. Fenchel und Kümmel wirken blähungsmildernd, z. B. bei Kohlgerichten. Alle Kräuter sind reich an Vitaminen und Mineralstoffen. Sie sollten, damit ihre Inhaltsstoffe nicht verlorengehen, so frisch wie möglich verwendet und den Speisen erst zum Schluß zugefügt werden. Durch die Verwendung von Kräutern und Gewürzen läßt sich außerdem der Kochsalzverbrauch vermindern.
KOCHSALZ: Die Deutsche Gesellschaft für Ernährung empfiehlt einen Salzverbrauch von 5–7 g pro Tag. Diese Mengen beinhalten das sichtbare Salz zum Würzen und das unsichtbare Salz, das in Lebensmitteln enthalten ist. Gerade Fleisch und Wurstwaren, aber auch Brot und Käse sind sehr salzhaltig. Die Bundesbürger nehmen durchschnittlich etwa 15 g Salz pro Tag zu sich. Das ist zuviel. Eine hohe Zufuhr von Salz greift in den Wasserhaushalt ein und bindet das Wasser im Gewebe. Außerdem wird ein Zusammenhang von erhöhtem Kochsalzverbrauch mit Bluthochdruck gesehen. Für jede gesunde Ernährungsform wird daher empfohlen, die Würzkraft frischer Kräuter und Gewürze, von Gewürzessenzen wie Obstessig und Sojasauce und Zitronensaft zu nutzen und den Salzverbrauch zu reduzieren.

Fleisch, Fisch und Eier

Tierische Lebensmittel haben von jeher einen Platz in der Ernährung des Menschen. Ihr Verzehr hat jedoch im Laufe der Zeit immer mehr zugenommen und die Zunahme einiger Zivilisationskrankheiten wird nicht zuletzt dadurch erklärt. Tierische Lebensmittel sind wertvolle Eiweißträger. Eiweiß ist wichtig für die geistige und körperliche Leistungsfähigkeit, die Empfehlung für die Menge wurde aber immer weiter reduziert. Das Mehr an Protein, das nicht gespeichert werden kann, wird abgebaut und ausgeschieden. Dabei werden vor allem die Nieren stark belastet. Tierische Lebensmittel enthalten Purine. Sie werden zu Harnsäure abgebaut und über die Niere ausgeschieden. Bei erhöhter Zufuhr tierischer Lebensmittel werden nicht nur die Nieren stärker belastet, sondern es lagert sich die nicht ausgeschiedene Harnsäure in den Gelenken ab. Das führt im Laufe der Zeit zu Gicht, einer Zivilisationskrankheit, die vor etwa 100 Jahren, als der Fleischkonsum erheblich geringer war, wesentlich seltener auftrat. Gerade Fleisch- und Wurstwaren sind reich an Fett, Cholesterin und Kochsalz und liefern keine Ballaststoffe. Dazu kommt, daß für die Produktion von tierischen Lebensmitteln ein hoher Aufwand an Futtermitteln nötig ist.

Einkauf

Frische Lebensmittel sind am wertvollsten, denn sie besitzen noch ihren vollen Gehalt an Vitaminen und Mineralstoffen. Achten Sie also beim Kauf auf Frische: Gemüse und Obst müssen knackig aussehen. Gemüsegrün und Kräuter, die bereits die Blätter hängen lassen oder angetrocknet sind, enthalten nur noch einen Bruchteil der Vitamine. Um große Mengen zu erzielen, werden die Früchte mit Dünger und Pflanzenschutzmitteln hochgepäppelt. Das gleiche gilt für Gemüse und Obst, die ganzjährig, also auch außerhalb ihrer natürlichen Wachstumszeit, gezogen werden. Um möglichst unbehandelte Früchte zu bekommen, kauft man am besten der Saison entsprechend direkt beim Erzeuger oder auf dem Markt, wo Erzeuger anbieten. Diese Ware ist meist weniger präpariert, da keine längeren Transportwege oder Lagerzeiten anfallen. Stören Sie sich nicht an kleinen Fehlern. Diese Produkte sind meist weniger gespritzt. Kaufen Sie Ihr Obst und Gemüse nicht an Ständen, die an verkehrsreichen Straßen liegen. Getreide in sauberer Qualität bekommen Sie in Reformhäusern. Das gleiche gilt für Milchprodukte und Eier aus der Grünlandschaft.

Lagerung

Das Optimum ist natürlich, Lebensmittel, vor allem Obst und Gemüse, so frisch wie möglich zu verwenden. In den seltensten Fällen ist dies jedoch praktikabel. Da Vitamine licht-, luft- und wärmeempfindlich sind, sollten Obst, Gemüse und Kräuter kühl, das heißt im Kühlschrank oder in einem kühlen Keller aufbewahrt werden. Blattgemüse und Kräuter werden vorher abgespült und feucht in ein Tuch geschlagen. Von Wurzelgemüse wie Möhren oder Rettich muß das Grün entfernt werden, da die Vitamine und Mineralstoffe ins Blattwerk wandern. Kartoffeln, Tomaten und Zwiebeln dürfen nicht im Kühlschrank aufbewahrt werden. Vollreifes Obst hält sich bis auf Bananen ebenfalls im Kühlschrank am besten. Halbreifes Obst wird bei Zimmertemperatur aufbewahrt.

Milch und Milchprodukte

MILCH UND MILCHPRODUKTE sind besonders empfehlenswert. Sie sind gesunde und preiswerte eiweißhaltige Lebensmittel und haben einen hohen Gehalt an essentiellen Aminosäuren, Mineralstoffen (Kalium, Calcium) und Vitaminen.

MILCH: Durch die verschiedenen Bearbeitungsmethoden unterscheidet man mehrere Milchsorten:
ROHMILCH kommt ohne Umwege und ohne Behandlung vom Euter ins Glas, ist also naturbelassen. Da jedoch die Gefahr mikrobieller Verunreinigungen besteht, sollte sie nur aus kontrollierten Viehbeständen als Vorzugsmilch bezogen werden.
VORZUGSMILCH ist Rohmilch, die ständigen hygienischen Kontrollen unterzogen wird.
Da Milch meist über längere Strecken transportiert und daher auch haltbar sein muß, werden Erhitzungsverfahren angewandt, um schädliche und milchverderbende Keime abzutöten:
PASTEURISIERTE MILCH wird etwa 40 Sekunden auf 71–74 °C erhitzt. H-MILCH wird zunächst 12–20 Sekunden auf 70–80 °C, dann 5 Sekunden auf 135–150 °C erhitzt.
Bei allen Erhitzungsverfahren treten geringe Verluste an Vitaminen auf.
HOMOGENISIERTE MILCH: Hierbei werden die Fetttröpfchen in der Milch gleichmäßig verteilt, sie rahmt dann nicht mehr auf. Die Homogenisierung trägt zu einer besseren Verdaulichkeit der Milch bei.
ENTRAHMTE MILCH: Ein Teil des Milchfetts wird entzogen. Dadurch werden gleichzeitig fettlösliche Vitamine entfernt. Die Fett- und damit Kalorienersparnis führt zu einem Vitaminverlust.

MILCHPRODUKTE: Es gibt Sauermilchprodukte wie Dickmilch, Joghurt, Kefir und saure Sahne, Rahmprodukte wie Schlagsahne, Butter und Buttermilch sowie Käse. Sauermilchprodukte enthalten Milchsäure. Sie entsteht bei der bakteriellen Umwandlung von Milchzucker.

KÄSE: Beim Käse sind wegen ihres geringen Fettgehalts vor allem Magerquark und Sauermilchkäse (z. B. Harzer) zu erwähnen. Beachten Sie beim Käse den Salzgehalt und verwenden Sie geriebenen Käse als würzende Zutat.

Garmethoden

Bei der Werterhaltung der Nahrung ist die Wahl der Garmethode besonders wichtig, da Vitamine durch Hitze zerstört werden. Dies trifft nicht nur für Vitamin C zu. Außer Niacin und Vitamin B_{12} sind alle Vitamine mehr oder minder hitzeempfindlich. Die Garmethoden im einzelnen:

Das DÜNSTEN im eigenen Saft oder unter Zugabe von wenig Wasser stellt die schonendste Garmethode dar. Der Verlust von Vitamin C und B_1 liegt hier bei etwa 10 %. Dazu kommt, daß die ausgeschwemmten Mineralstoffe und wasserlöslichen Vitamine mit dem Dünstsud wieder aufgenommen werden können.

Der Vitaminverlust beim GAREN IM SCHNELLKOCHTOPF ist höher als beim Dünsten, jedoch wesentlich geringer als beim Kochen. Gründe hierfür sind die kürzere Garzeit, geringerer Wasserzusatz und die Vermeidung von Luftzutritt. Diese Methode ist daher empfehlenswert.

Beim KOCHEN werden die meisten Vitamine zerstört: Zum einen durch die Hitze und zum anderen durch die Wassermenge. Es gibt jedoch Gemüsesorten, die gekocht werden müssen, beispielsweise Kartoffeln, Bohnen oder einige Kohlsorten. Hier sollte die Wassermenge nur so hoch sein, daß das Gemüse gerade bedeckt ist. Außerdem sollte das Kochwasser weiterverwendet werden.

Das GAREN ÜBER WASSERDAMPF ist eine weitere schonende Garmethode und für die vegetarische Ernährung zu empfehlen. Nicht jeder besitzt Dämpfeinsätze für seine Töpfe, sie lassen sich jedoch leicht herstellen: Geben Sie Wasser in einen Topf und stellen Sie kleine Töpfchen oder Tassen umgedreht auf den Topfboden. Auf die Förmchen setzen Sie einen Teller, auf dem das Gargut liegt. Eine andere Methode ist, ein Sieb in einen Topf mit kochendem Wasser zu hängen, so daß das Sieb das Wasser nicht berührt. Der Topf muß generell beim Dämpfen geschlossen sein, so wird außerdem die Luftzufuhr unterbunden.

GAREN IN ALUFOLIE: Auch das ist vitamin- und mineralstoffschonend, da keine Wasserzugabe erforderlich ist. Garen in Alufolie eignet sich gut für Gemüse. Geben Sie das Gargut auf ein mit Butter oder Öl bestrichenes Stück Alufolie und verschließen Sie die Folie gut.

AUSQUELLEN: wird bei Getreide, beispielsweise bei Reis, angewandt. Die Körner werden ins kochende Wasser gegeben und dann bei schwacher Hitze ausgequollen. Die Temperatur ist so wesentlich geringer als beim Kochen. Für die Wassermenge gilt die Faustregel: 1 Teil Getreide auf 2 Teile Wasser. Das Wasser wird im Laufe der Zeit vom Getreide aufgesogen, die wasserlöslichen Vitamine gehen dadurch nicht verloren.

Nährstoffkombinationen

Wer Eier, Milch und Fleisch ißt, der versorgt seinen Körper mit genügend lebensnotwendigen Proteinen. Wer jedoch fleischlos glücklich sein möchte, oder sich zu den strengen Veganern zählt, die alle tierischen Produkte verschmähen, der muß seine Nahrungsmittel so kombinieren, daß die damit aufgenommenen Aminosäuren dem Körper genügend hochwertiges Eiweiß zuführen.

Hier einige der wichtigsten und effektivsten Kombinationen von pflanzlichen Eiweißquellen oder auch Mischungen mit Milcheiweiß und Ei.
In Salaten, Eintöpfen und Suppen ergänzen sich Bohnen und Mais ganz vorzüglich. Soja oder Erdnüsse garantieren in Gebäck oder exotischen Salaten einen hohen Proteinanteil.
In Pfannkuchen, Bratlingen, Soufflés und Kuchen lassen sich Weizen, Reis, Mais, Bohnen oder Soja und Ei hervorragend mischen. Hülsenfrüchte mit Milch, Weizen oder Roggen in Aufläufen mit Käse, kombiniert, sowie traditionelle Linsen- oder Nudelgerichte sind ebenfalls ideale Partner.

Kartoffeln mit Milch, Quark oder Ei serviert – beispielsweise in Form von Kartoffelpürree, Pellkartoffeln mit Quark, Gnocchi, Bauernomelett oder Kartoffelgratin – sind wahre Gesundbrunnen. Und schließlich wäre da noch die Mischung von Getreide und Milch, sei es als Müsli, Grütze, Käsebrot oder Käsefondue, die als Eiweißlieferant der Spitzenklasse unbedingt Beachtung finden sollte.

Werterhaltung

Lebensmittel unterliegen einem natürlichen Verfall, daher ist es außer einer sinnvollen Zusammenstellung des Speisezettels wichtig, den Wert der Nahrung zu erhalten. Voraussetzung hierfür ist, bereits beim Einkauf darauf zu achten, daß die ausgewählten Lebensmittel noch den Großteil der Inhaltsstoffe besitzen.

Historie und Histörchen

Gesund leben und trotzdem gut und reichlich essen. Eine Forderung, die weder neu noch unerfüllbar ist. Vegetarier wissen das. Schon in der Mitte des vergangenen Jahrhunderts besannen sich kritische Zeitgenossen in Deutschland auf eine im wahrsten Sinne des Wortes wertvolle Ernährung. Ihr Gedankengut wurde zur Jahrhundertwende dann von jenen aufgegriffen, die die Erhaltung von Arbeitskraft beanspruchten, damit in den immer schneller wachsenden Fabrikhallen rund um die Uhr gearbeitet werden konnte. Die rücksichtslose Industrialisierung forderte ihren Tribut. Auf Dauer, da waren sich zukunftsorientierte Denker einig, war das nur durch stets verfügbare und vor allem gesunde Arbeitsräkfte zu leisten. Daß der Markt nicht das an Nahrungsmitteln hergab, was benötigt wurde und viele nicht das Wissen hatten, vegetarische Ideale zu nutzen, steht auf einem anderen Blatt.

Immerhin, selbst das Bürgertum besann sich angesichts blindwütiger Fortschrittsgläubigkeit auf die tradierten Werte der Natur. Sebastian Kneipps „Wasserheilmethode" wurde als Gesundheits- und Jungbrunnen gepriesen und gemäß Daniel Schrebers Initiative nutzt man selbst in Großstädten wie Berlin jede noch so winzige Nische, um darin einen Schrebergarten wachsen zu lassen. Das Domizil für die gestreßte Seele war gefunden. Und ganz nebenbei wurde auch noch das Gemüse für die kommende Woche geerntet.
Der Schweizer Arzt Maximilian Bircher-Benner erzielte derweil in seiner 1897 gegründeten Privatklinik am noblen Zürichberg außergewöhnliche und bis dahin auch unerwartete Heilerfolge mit einer rein vegetarischen Diät. Diese nach ihm benannte Diät und das von ihm zusammengestellte gleichnamige Müsli haben bis heute Bestand, sind ernährungsphysiologisch unantastbar.
Der Markt bestimmt die Nachfrage und umgekehrt. Das galt für Bircher-Benners-Sanatorium wie für die vegetarischen Restaurants oder „Reformgaststätten", die es nicht nur in Berlin, Leipzig oder Dresden, sondern auch abseits der Großstädte gab. Überall fanden sie ein dankbares Publikum. Denn die Kreativität der vegetarischen Köche hielt jedem Vergleich zur herkömmlichen Gastronomie stand. Mit Sachkenntnis und Raffinesse ging man ans Werk. Entsprechend beliebt waren diese Häuser.
Mit dem Weltkrieg, dem ersten wie dem zweiten, wurde alles anders. Die fleischlose Küche war bald mit dem Ruf des Mangels behaftet. Und davon hatte die Bevölkerung auf allen möglichen Gebieten mehr als genug zu ertragen. Der von Durchhalteparolen getriebene Versuch, aus der allgemeinen Not eine vegetarische Tugend zu machen, scheiterte. Nur gezwungenermaßen ging man auf die seltsamen Rezepturen ein, die da die Kunde machten und mit der ursprünglichen vegetarischen Ernährung kaum noch etwas gemein hatten.
Dieser Makel blieb lange bestehen, öffnete einer unüberlegtüppigen Nachkriegskost Tür und Topfdeckel. Fett war der Baustein der Wirtschaftswunderzeit. Erst die rebellischen Erben dieser Ära besannen sich angesichts allgegenwärtigen Übergewichts und einer immer größer werdenden Palette von daraus resultierenden Zivilisationskrankheiten wieder auf Grundsätzliches.
Anfangs belächelt, zum Teil sogar verspottet, haben sich die Vegetarier in ihren unterschiedlichsten Gruppierungen heute längst durchgesetzt. Kein gut geführtes Restaurant kann es sich leisten, auf fleischlose Gerichte zu verzichten. Im Gegenteil, das Angebot ist reichhaltig und gut. Ein Verdienst der vegetarischen Küche, den sie sich durchaus verdient hat. Unsere Rezepte beweisen es.

Vegetarische Ernährungsformen

Man unterscheidet heute drei Formen von Vegetarismus. Da sind zunächst die Ovo-lacto-Vegetarier, die zwar kein Fleisch von Tieren essen, wohl aber deren Produkte wie Milch, Milcherzeugnisse und Eier zu sich nehmen. Die zweite Gruppe, die Lacto-Vegetarier, verzichten auf Fleisch und Eier, nicht aber auf Milch und Milchprodukte. Die Veganer schließlich lehnen grundsätzlich den Genuß aller Lebensmittel ab, die in irgendeiner Form von Tieren stammen. Sie trinken weder Milch, noch essen sie Milchprodukte, ja sie verzichten selbst auf Honig.

Mit dieser ungemein strengen Auffassung gehen Veganer nach wissenschaftlicher Auffassung manches Risiko ein, denn es kann durch die rigide Einschränkung der Nahrungsmittel zu einer Unterversorgung von Eiweiß, Eisen, Calcium und Vitamin B_{12} kommen. Allesamt Nährstoffe, die für den Körper und seine unterschiedlichsten Funktionen schlicht lebensnotwendig sind. Nur wer sehr bewußt und gezielt seine Nahrung zusammenstellt, kann diesen gefährlichen Defiziten entgehen. Veganer müssen daher ausreichend Vollkornprodukte, Hülsenfrüchte und — als Eiweißlieferant — vor allem Soja, sowie Nüsse und Trockenobst zu sich nehmen. Vitamin B_{12} sollte sicherheits-halber zusätzlich eingenommen werden. Da sich Magen und Darm an diese strenge Ernährungsform anpassen, empfiehlt es sich, den Rohkostanteil möglichst gering zu halten. Die Nährstoffe von schonend gegarten Lebensmitteln werden besser vertragen und ausgenutzt. Trotzdem, für schwangere oder stillende Frauen, Babys und Kleinkinder ist diese Kost ungeeignet, weil es in den besonderen Umständen der Schwangerschaft und des Wachstums zur Eiweiß- und Eisenunterversorgung kommen kann. Mangelerscheinungen, die gefährlich werden können!

Die Ovo-lacto-vegetarische und die lacto-vegetarische Ernährung sind indes beides Kostformen, die grundsätzlich zu empfehlen sind, unabhängig davon, in welchem Alter man damit beginnt. Beide enthalten hochwertiges Eiweiß in ausreichendem Maß, bringen genügend Fett ins Spiel und sind durchweg mineralstoff-

und vitaminreich. alles was der Mensch an essentiellen Nährstoffen braucht, können diese Arten des Vegetarismus garantieren. Darüber hinaus vermindern sie nachweislich Herz- und Kreislauferkrankungen und reduzieren oder tilgen Übergewicht. Untersuchungen haben zudem ergeben, daß Vegetarier häufig einen niedrigen Cholesterinspiegel, niedrigen Blutfettspiegel und niedrigeren Blutdruck haben als der Rest der Bevölkerung, der nicht auf seinen Sonntagsbraten verzichten möchte. Dabei gibt es Alternativen mehr als genug. Ob Suppe, Salat, Soufflé oder Süßspeise, die vegetarische Küche bietet für jeden Gang und Gaumen das Richtige. Wie wär's — zum Ausprobieren und Verwöhnen — mit diesen Menüs:

Menü 1
Gurkensuppe mit Pfefferkäse (Rezept Seite 12)
Überbackene Auberginen (Rezept Seite 50)
Ziegenkäse mit Sonnenblumenkernkruste (Rezept Seite 128)

Menü 2
Reisgericht David (Rezept Seite 111)
Spinatsalat mit Buttermilchdressing (Rezept Seite 40)
Kartoffel-Zucchini-Gratin (Rezept Seite 84)
Grießspeise mit Aprikosen (Rezept Seite 134)

Menü 3
Gemüsebrühe mit Zwiebelflädle (Rezept Seite 24)
Spargel-Tofu-Salat (Rezept Seite 42)
Florentinischer Schichtkuchen (Rezept Seite 98)
Orangenscheiben mit Mandeln (Rezept Seite 132)

Menü 4
Selleriecremesuppe mit Knoblauchcroutons (Rezept Seite 10)
Gefüllte Champignonköpfe (Rezept Seite 56)
Grüne Riesenpizza (Rezept Seite 104)
Tofu-Erdbeer-Creme (Rezept Seite 138)

Suppen & Eintöpfe 8

Gelbe Linsensuppe mit Curry 10
Erbsensuppe Bombay 10
Selleriecemesuppe mit Knoblauchcroutons 10
Linsensuppe Alexandria 10
Gurkensuppe mit Pfefferkäse 12
Gurken-Tomaten-Kaltschale 13
Ostpreußische Rote-Bete-Cremesuppe 13
Sahnige Spinatsuppe mit Käsekrusteln 14
Radieschensuppe mit Frischkäse 16
Austernpilzcreme mit schwarzem Sesam 16
Schnelle Lauchsuppe 18
Sauerampfersuppe 18
Gemüse-Kefir-Suppe 18
Joghurtsuppe mit Linsenkeimlingen 20
Grünkernsuppe mit Croûtons 20
Buttermilch-Kresse-Suppe 21
Paprika-Zucchini-Suppe 22
Kalte Gurkensuppe 22
Gemüsebrühe mit Haferklößchen 24
Italienische Kichererbsensuppe 24
Gemüsebrühe mit Zwiebelflädle 24
Reis-Möhren-Suppe mit Limonen 26
Tomatensuppe mit Broccoli 27
Rosenkohlsuppe 28
Kohlrabicremesuppe 28

Salate & Rohkost 30

Rote-Bete-Feldsalat mit Nüssen 32
Champignonsalat 32
Staudensellerie mit Dips 32
Kartoffel-Käse-Salat 34
Brandenburger Käsesalat 35
Erbsensalat mit Minze 35
Rotkohlsalat mit Sesam und Tofubröseln 36
Mangoldsalat 36
Möhrenfrischkost mit Rosinen und Tofusauce 38
Spinatsalat mit Buttermilchdressing 40
Spinatsalat mit Austernpilzen 41
Spargel-Tofu-Salat 42
Fitness-Salat New York 44
Möhrensalat mit Roggenkeimlingen 44
Kartoffelsalat mit Sprossen 44
Bananen-Melonen-Frischkost 46
Süß-saurer Linsensalat 46
Gemüsesalat mit Basilikum 47

Gemüse & Kartoffeln 48

Überbackene Auberginen 50
Chicorée, geschmort 50
Shii-Take-Gemüse-Pfanne 50
Fritiertes Gemüse mit Sauce Béarnaise 52
Kräuterchampignons in Bierteig 53
Mangold 54
Blattspinat mit Sesam 54
Geschmorte Gurken in Schmand 56
Okragemüse 56
Gefüllte Champignonköpfe 56
Marinierte Austernpilze 58
Gratinierter Fenchel mit Nußkruste 59
Schmorgurken-Pfifferling-Gemüse 60
Grün-weißer Spargelstrudel 61
Marinierter Porree 62
Gefüllte Kohlrabi 63
Grüne Bohnen in Petersilien-Sahne 63
Pesto 64
Kürbis-Reibekuchen 64
Folienkartoffeln 66
Kartoffelpuffer mit Weizenkleie 66
Kartoffelpüree, flämisch 67
Ratatouille 68
Panzarotti 68
Kräuterkartoffeln 70
Kartoffel-Knoblauch-Pfanne 70

Keimlinge & Hülsenfrüchte 72

Kichererbsencurry 74
Löffelerbsen 75
Kichererbsenpüree 75
Marinierte Bohnen 76
Bohnenpüree mit Tomatencreme 76
Pikanter Körnerschmarren 78

Aufläufe & Gratins 80

Drei-Korn-Soufflé 82
Möhren-Kartoffel-Gratin 82
Chinakohl-Gratin 82
Kartoffel-Zucchini-Gratin 84
Spinat-Quark-Soufflé 84
Kürbisauflauf mit Schafskäse 86
Schichtkürbis mit Gerstenkeimlingen 87
Omas Hirseauflauf 88
Selleriesoufflé mit Linsenkeimlingen 90
Erbsengratin 92
Gemüselasagne 92

Getreidegerichte & pikantes Gebäck 94

Hirseflan mit Zucchini 96
Gefüllter Kornkranz in der Mangoldhülle 96
Florentinischer Schichtkuchen 98
Spaghetti mit Frischkäse und Tomatengemüse 100
Ravioli mit Frischkäse-Spinat-Füllung 101
Pilz-Pioshki 102
Gemüsequiche 104
Grüne Riesenpizza 104
Maiskrusteln mit grüner Sauce 106
Drei-Körner-Nockerln 107
Grünkernbratlinge 108
Zitronencouscous mit Kresse 110
Reisgericht David 111
Tomaten-Oliven-Törtchen 112
Käsepizza 114
Käsegebäck 115

Eier, Milchrodukte & Tofu 116

Paprikaschoten, mit Quark gefüllt 118
Marinierte Ziegenkäse 118
Bunte Paprika-Käse-Spießchen 118
Tofu mit Kräutern und Schalotten 120
Tofugeschnetzeltes 120
Buchweizenfrittata mit Keimlingen 122
Zucchiniomelette 122
Junges Gemüse mit Frischkäse-Füllung 124
Sommerliche Eierrolle mit Basilikumsauce 124
Kräuterkäse-Kranz mit Pilzsalat 126
Paprika, italienische Art 127
Ziegenkäse mit Sonnenblumenkernkruste 128
Gebratener Mandeltofu 128

Früchte & Süßspeisen 130

Apfelpastete 132
Orangenscheiben mit Mandeln 132
Grießspeise mit Aprikosen 134
Tofu-Orangen-Creme „Shogun" 135
Quarkküchlein mit Orangensauce 136
Himbeergrütze mit Roggen 136
Winterdessert 138
Tofu-Erdbeer-Creme 138
Maronendessert 138
Pfirsiche mit Gerstenhäubchen 140
Pfirsiche auf Grün-Weiß 141
Weizendukaten mit Aprikosenmark 142
Gestockte Honig-Sesam-Creme 143
Johannisbeer-Granité 143

Äpfel im Versteck 144
Mirabellengrütze im Krokantkörbchen 146
Mascarpone-Heidelbeer-Torte 147
Dattelquark mit Zimt 147

Kleine Gerichte & Snacks 148

Pikantes Käse-Frischkorn-Müsli 150
Pfannkuchen „Welcome Morning" 150
Kleine Möhren-Frühstücks-Kuchen 150
Bananen-Früchte-Riegel 152
Pikantes Keimsprossenfrühstück 154
Nußmüsli mit Weinbeeren 154
Bananensalat mit Zimtjoghurt 155
Birnensalat 155
Milchreis 156
Hafermüsli mit Banane 158
Bananenquark mit Johannisbeeren 158
Bananenmüsli 159
Aprikosencreme 159
Geröstetes Frischkorn-Müsli 160
Trocken-Frucht-Müsli 160
Möhrenflocken 162
Orangenflocken 162
Möhrenmüsli mit Nüssen 163
Gorgonzolacreme 163
Kernige Hörnchen mit zwei Dips 164
Salbeimäuschen mit Avocadodip 165
Mozzarellatoast 165
Avocado-Quark-Dip 166
Bunter Quarkdip 166
Quarkbrot 168
Energiebrot 168
Buntes Rohkostbrot 169

A

Äpfel im Versteck.. 144

Apfelpastete.. 132

Aprikosencreme... 159

Auberginen, überbackene... 50

Austernpilzcreme mit schwarzem Sesam.................... 16

Austernpilze, marinierte... 58

Avocado-Quark-Dip... 166

B

Bananen-Früchte-Riegel... 152

Bananen-Melonen-Frischkost..................................... 46

Bananenmüsli... 159

Bananenquark mit Johannisbeeren............................ 158

Bananensalat mit Zimtjoghurt................................... 155

Birnensalat... 155

Blattspinat mit Sesam.. 54

Bohnen in Petersilien-Sahne, grüne............................ 63

Bohnen, marinierte.. 76

Bohnenpüree mit Tomatencreme................................ 76

Brandenburger Käsesalat.. 35

Buchweizenfrittata mit Keimlingen............................ 122

Bunte Paprika-Käse-Spießchen................................. 118

Bunter Quarkdip.. 166

Buntes Rohkostbrot.. 169

Buttermilch-Kresse-Suppe... 21

C

Champignonköpfe, gefüllte....................................... 132

Champignonsalat... 32

Chicorée, geschmort... 50

Chinakohl-Gratin... 82

D

Dattelquark mit Zimt.. 147

Drei-Korn-Soufflé.. 82

Drei-Körner-Nockerln... 107

E

Energiebrot.. 168

Erbsengratin.. 92

Erbsensalat mit Minze.. 35

Erbsensuppe Bombay... 10

F

Fenchel mit Nußkruste, gratinierter............................ 59

Fitness-Salat New York.. 44

Florentinischer Schichtkuchen................................... 98

Folienkartoffeln.. 66

Fritiertes Gemüse mit Sauce Béarnaise........................ 52

G

Gebratener Mandeltofu... 128

Gefüllte Champignonköpfe.. 56

Gefüllte Kohlrabi.. 63

Gefüllter Kornkranz in der Mangoldhülle..................... 96

Gelbe Linsensuppe mit Curry.................................... 10

Gemüsebrühe mit Haferklößchen............................... 24

Gemüsebrühe mit Zwiebelflädle................................. 24

Gemüse-Kefir-Suppe... 18

Gemüselasagne 92

Gemüse mit Frischkäse-Füllung, junges 124

Gemüse mit Sauce Béarnaise, fritiertes 52

Gemüsequiche 104

Gemüsesalat mit Basilikum 47

Geröstetes Frischkorn-Müsli 160

Geschmorte Gurken in Schmand 56

Gestockte Honig-Sesam-Creme 143

Gorgonzolacreme 163

Gratinierter Fenchel mit Nußkruste 59

Grießspeise mit Aprikosen 134

Grüne Bohnen in Petersilien-Sahne 63

Grüne Riesenpizza 104

Grünkernbratlinge 108

Grünkernsuppe mit Croutons 20

Grün-weißer Spargelstrudel 61

Gurken in Schmand, geschmorte 56

Gurkensuppe, kalte 22

Gurkensuppe mit Pfefferkäse 12

Gurken-Tomaten-Kaltschale 13

H

Hafermüsli mit Banane 158

Himbeergrütze mit Roggen 136

Hirseauflauf, Omas 88

Hirseflan mit Zucchini 96

I

Italienische Kichererbsensuppe 24

J

Joghurtsuppe mit Linsenkeimlingen 20

Johannisbeer-Granité 143

Junges Gemüse mit Frischkäse-Füllung 124

K

Kalte Gurkensuppe 22

Kartoffel-Käse-Salat 34

Kartoffel-Knoblauch-Pfanne 70

Kartoffel-Zucchini-Gratin 84

Kartoffelpuffer mit Weizenkleie 66

Kartoffelpüree, flämisch 67

Kartoffelsalat mit Sprossen 44

Käse-Frischkorn-Müsli, pikantes 150

Käsegebäck 115

Käsepizza 114

Käsesalat, Brandenburger 35

Keimsprossenfrühstück, pikantes 154

Kernige Hörnchen mit zwei Dips 164

Kichererbsencurry 74

Kichererbsenpüree 75

Kichererbsensuppe, italienische 24

Kleine Möhren-Frühstücks-Kuchen 150

Kohlrabicremesuppe 28

Kohlrabi, gefüllte 63

Körnerschmarren, pikanter 78

Kornkranz in der Mangoldhülle, gefüllter 96

Kräuterchampignons in Bierteig 53

Kräuterkartoffeln 70

Kräuterkäse-Kranz mit Pilzsalat 126

Kürbisauflauf mit Schafskäse... 86

Kürbis-Reibekuchen.. 64

L

Lauchsuppe, schnelle.. 18

Linsensuppe Alexandria 10

Linsensuppe mit Curry, gelbe 10

Löffelerbsen 75

M

Maiskrusteln mit grüner Sauce 106

Mandeltofu, gebratener... 128

Mangold 54

Mangoldsalat... 36

Marinierte Austernpilze.. 58

Marinierte Bohnen 76

Marinierter Porree.. 62

Marinierter Ziegenkäse 118

Maronendessert... 138

Mascarpone-Heidelbeer-Torte.. 147

Milchreis.. 156

Mirabellengrütze im Krokantkörbchen.............................. 146

Möhrenflocken... 162

Möhrenfrischkost mit Rosinen und Tofusauce................... 38

Möhren-Frühstücks-Kuchen, kleine................................... 150

Möhren-Kartoffel-Gratin... 82

Möhrenmüsli mit Nüssen 163

Möhrensalat mit Roggenkeimlingen.................................. 44

Mozzarellatoast.. 165

N

Nußmüsli mit Weinbeeren.. 154

O

Okragemüse 56

Omas Hirseauflauf 88

Orangenflocken.. 162

Orangenscheiben mit Mandeln... 132

Ostpreußische Rote-Bete-Cremesuppe 13

P

Panzarotti 68

Paprika, italienische Art.. 127

Paprikaschoten, mit Quark gefüllt..................................... 118

Paprika-Zucchini-Suppe.. 22

Pesto 64

Pfannkuchen „Welcome Morning"...................................... 150

Pfirsiche auf Grün-Weiß 141

Pfirsiche mit Gerstenhäubchen... 140

Pikanter Körnerschmarren.. 78

Pikantes Käse-Frischkorn-Müsli... 150

Pikantes Keimsprossenfrühstück 154

Pilz-Pioshki.. 102

Porree, marinierter 62

Q

Quarkbrot... 168

Quarkdip, bunter 166

Quarkküchlein mit Orangensauce...................................... 136

R

Radieschensuppe mit Frischkäse 16

Ratatouille 68

Ravioli mit Frischkäse-Spinat-Füllung 101

Reis-Möhren-Suppe mit Limonen 26

Reisgericht David 111

Riesenpizza, grüne 104

Rohkostbrot, buntes 169

Rosenkohlsuppe 28

Rote-Bete-Cremesuppe, ostpreußische 13

Rote-Bete-Feldsalat mit Nüssen 32

Rotkohlsalat mit Sesam und Tofubröseln 36

S

Sahnige Spinatsuppe mit Käsekrusteln 14

Salbeimäuschen mit Avocadodip 165

Sauerampfersuppe 18

Schichtkürbis mit Gerstenkeimlingen 87

Schmorgurken-Pfifferling-Gemüse 60

Schnelle Lauchsuppe 18

Selleriecemesuppe mit Knoblauchcroutons 10

Selleriesoufflé mit Linsenkeimlingen 90

Shii-Take-Gemüse-Pfanne 50

Sommerliche Eierrolle mit Basilikumsauce 124

Spaghetti mit Frischkäse und Tomatengemüse 100

Spargelstrudel, grün-weißer 61

Spargel-Tofu-Salat 42

Spinat-Quark-Soufflé 84

Spinatsalat mit Austernpilzen 41

Spinatsalat mit Buttermilchdressing 40

Spinatsuppe mit Käsekrusteln, sahnige 14

Staudensellerie mit Dips 32

Süß-saurer Linsensalat 46

T

Tofu mit Kräutern und Schalotten 120

Tofu-Erdbeer-Creme 138

Tofu-Orangen-Creme „Shogun" 135

Tofugeschnetzeltes 120

Tomaten-Oliven-Törtchen 112

Tomatensuppe mit Broccoli 27

Trocken-Frucht-Müsli 160

U

Überbackene Auberginen 50

W

Weizendukaten mit Aprikosenmark 142

Winterdessert 138

Z

Ziegenkäse, marinierter 118

Ziegenkäse mit Sonnenblumenkernkruste 128

Zitronencouscous mit Kresse 110

Zucchiniomelette 122

Umwelthinweis — Dieses Buch und der Schutzumschlag wurden auf chlorfrei gebleichtem Papier gedruckt. Die Einschrumpffolie — zum Schutz vor Verschmutzungen — ist aus umweltfreundlicher und recyclingfähiger PE-Folie.

Für die freundliche Unterstützung danken wir

CMA, Bonn-Bad Godesberg
Ketchum PR, München
Claudia Korenke PR, Frankfurt
prrh Publicrelations, Hamburg

Copyright — © 1994 by Ceres Verlag
Rudolf August Oetker KG, Bielefeld

Redaktion — Carola Reich

Gestaltung — Gaby Burdack, Bielefeld

Fotos
Titelfoto — Brigitte Wegner, Bielefeld
Foodstyling — Claudia Glünz-Wunder, Nordhorn

Innenfotos — Thomas Diercks, Hamburg
Herbert Maass, Hamburg
Christiane Pries, Borgholzhausen
Michael Somoroff, Hamburg
Norbert Toelle, Bielefeld
Bernd Wohlgemuth, Hamburg
Arnold Zabert, Hamburg

Reproduktionen — Kruse Reproduktionen, Vreden

Satz — adrupa, Paderborn

Gesamtherstellung — Mohndruck, Graphische Betriebe GmbH, Gütersloh

ISBN — 3-7670-0404-6